广西城市轨道交通车辆技术示范特色专业系列教材

城市轨道交通列车网络控制技术

主　编　陈桂平

副主编　马汉林　谭广忠

参　编　魏秀琴　路晓鹏　蒋常升

主　审　向伟彬

西南交通大学出版社

·成　都·

图书在版编目（CIP）数据

城市轨道交通列车网络控制技术 / 陈桂平主编. —
成都：西南交通大学出版社，2021.8（2024.7 重印）
广西城市轨道交通车辆技术示范特色专业系列教材
ISBN 978-7-5643-8120-2

Ⅰ. ①城… Ⅱ. ①陈… Ⅲ. ①城市铁路 – 轨道交通 –
列车 – 计算机网络 – 控制系统 – 高等学校 – 教材 Ⅳ.
①U284.48

中国版本图书馆 CIP 数据核字（2021）第 137470 号

广西城市轨道交通车辆技术示范特色专业系列教材

Chengshi Guidao Jiaotong Lieche Wangluo Kongzhi Jishu
城市轨道交通列车网络控制技术

主　编 / 陈桂平
责任编辑 / 李　伟
封面设计 / 吴　兵

西南交通大学出版社出版发行
（四川省成都市二环路北一段 111 号西南交通大学创新大厦 21 楼　610031）
发行部电话：028-87600564　　028-87600533
网址：http://www.xnjdcbs.com
印刷：成都蜀雅印务有限公司

成品尺寸　185 mm × 260 mm
印张　9.5　　字数　230 千
版次　2021 年 8 月第 1 版　　印次　2024 年 7 月第 3 次

书号　ISBN 978-7-5643-8120-2
定价　28.00 元

课件咨询电话：028-81435775
图书如有印装质量问题　本社负责退换

前　言

根据教育部相关教学标准要求，本书编写人员在认真学习领会相关文件精神的基础上，结合当前职业教育的特点和城市轨道交通专业实用型人才的培养需求，精心编写了本书。本书具有以下特点：

（1）编写过程中突破传统教科书式的编写模式，利用二维码技术等移动互联网时代元素，通过立体生动的形式表述各知识点，便于读者理解掌握。

（2）本书分为 5 个课题，涵盖了控制与网络化控制概述、数据通信与网络基础、列车通信网络技术、列车网络控制系统、车载网络故障诊断系统等内容。

（3）本书编写全过程体现了"工学结合、校企合作"的理念，由行业专家、一线技术骨干教师全面参与本书的编写和审读工作。

本书由柳州铁道职业技术学院陈桂平担任主编，马汉林、谭广忠担任副主编，魏秀琴、路晓鹏、蒋常升担任参编，南宁轨道交通股份有限公司向伟彬担任主审。具体编写分工为：课题 1 由柳州铁道职业技术学院谭广忠、马汉林共同编写，课题 2～4 由柳州铁道职业技术学院陈桂平编写，课题 3 的 3.6 CAN 总线由柳州铁道职业技术学院路晓鹏编写，课题 5 由柳州铁道职业技术学院魏秀琴、蒋常升编写。本书在编写过程中参考了多位学者发表的文章和企业的一些技术资料，编者在此向他们表示诚挚的感谢。同时，本书在编写过程中，还得到了南宁地铁公司的大力支持，在此向提供帮助的有关专家表示衷心的感谢。

本书主要是让读者掌握城市轨道交通列车网络控制技术相关知识，由于应用于城市轨道交通列车的网络控制系统种类繁多，各地城市轨道交通车辆选型及运用情况存在差异，书中一些具体应用不具备通用性，在实际操作中要根据当地的车辆而定，敬请谅解。

由于我国城市轨道交通发展迅速，技术设备也在不断改进更新，书中资料和相关数据与现场车辆设备难免存在差异，加上编者水平有限，书中不足之处在所难免，敬请读者批评指正，以便再版时修订、补充，不断完善。

编　者

2021 年 3 月

目 录

课题 1 控制与网络化控制概述

1.1 控制与控制系统概述

【知识目标】

（1）理解控制系统的基本概念；

（2）掌握控制系统的应用。

【能力目标】

（1）能够描述控制系统的组成；

（2）能够描述控制系统各部分的作用。

【学习内容】

1.1.1 控制系统的基本概念

1. 控制系统的定义

控制系统是指由控制主体、控制客体和控制媒体组成的具有自身目标和功能的管理系统。

控制系统意味着通过它可以按照所希望的方式保持和改变机器、机构或其他设备内任何感兴趣或可变的量。控制系统同时是为了使被控制对象达到预定的理想状态而实施的。控制系统使被控制对象趋于某种需要的稳定状态。

例如，城市轨道交通列车的制动系统，施加的制动力是其司机控制主控手柄位置的函数。控制主控手柄的制动量位置，可以保持所希望的制动力（或可以达到所希望的减速变化）。这个城市轨道交通列车的制动系统便组成一个控制系统。

2. 控制系统的分类

控制系统的分类方式有多种，在控制过程中按是否需要人参与可以分为人工控制和自动控制两大类。

人工控制指的是以人为控制主体，通过自身判断和操作进行控制，常见的人工控制有人开灯和关灯、手按遥控器等。

自动控制指的是不需要人工操作，机器或设备自动地按照预定规律工作的控制，常见的自动控制有声控灯、交通灯、城市轨道交通列车自动驾驶等。

自动控制系统类型有多种，最常见的分类方式是以有无反馈分类、以信号处理技术不同分类、以输入量是否恒定分类等。

（1）在以有无反馈分类的控制系统中，控制系统可以分为无反馈的开环控制系统和有反馈的闭环控制系统。

① 无反馈的控制系统称为开环控制系统，这种系统的输入直接供给控制器，并通过控制器对受控对象产生控制作用。其主要优点是结构简单、价格便宜、容易维修；缺点是精度低，容易受环境变化（如电源波动、温度变化等）的干扰。

② 有反馈的控制系统称为闭环控制系统，将输入与反馈信号比较后的差值（即偏差信号）送给控制器，然后再调节受控对象的输出，从而形成闭环控制回路。与开环控制系统相比，闭环控制系统具有突出的优点，包括精度高、动态性能好、抗干扰能力强等；其缺点是结构比较复杂，价格比较贵，对维修人员要求较高。

（2）在以信号处理技术不同分类的控制系统中，控制系统可以分为模拟控制系统和数字控制系统。

① 模拟控制系统：采用模拟技术处理信号的控制系统。

② 数字控制系统，采用数字技术处理信号的控制系统。

（3）在以输入量是否恒定分类的控制系统中，控制系统可以分为恒值控制系统和随动控制系统。

① 输入量是恒定的，这种控制系统一般称为恒值控制系统，如恒速电机、恒温热炉、空调等。

② 输出量随着输入量的变化而变化，这种控制系统称为随动控制系统，如导弹自动瞄准系统等。

3. 控制系统的组成

在以有无反馈分类的控制系统中，按其系统有无反馈环节，其组成部分略有不同，但其组成基本可分为如下几部分，如图 1.1 所示。

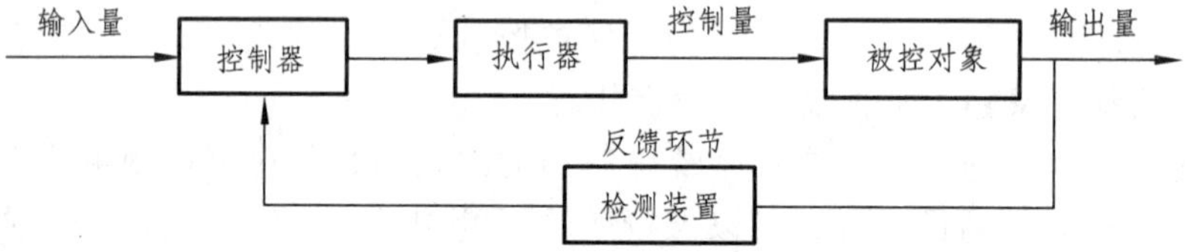

图 1.1 控制系统的组成

（1）控制器：发出控制指令、改变操纵变量，控制执行器工作，使输出量符合生产要求的部分。

（2）执行器：执行命令的部分，其作用是把控制器发出的信号转变为能作用于（或影响）被控对象的驱动能量。

（3）被控对象：控制系统中所要求控制的装置和生产过程。被控对象除了受控制作用外，还可能受到外部干扰。

（4）输入量：控制系统的给定量，一般作用于控制器。

（5）控制量：执行器作用于控制对象，从而使受控制对象发生变化的量。

（6）输出量：表达被控对象服从一定规律的量，使被控对象保持最优工作状态或所要求的工作状态。

（7）反馈环节：通过适当的检测装置将输出量的信息反馈给控制器，控制器进行输出量与输出期望值比较的过程。

1.1.2 控制系统的应用

1. 控制系统的应用实例

在银行或者商场，有一种门叫自动感应门，当人靠近门时，门会自动打开。自动感应门的工作原理是，门配置有感应探头，它能发射出一种红外线信号或者微波信号，当此种信号被靠近的物体反射时，感应探测器将收集探测回来的信号，生成脉冲信号，其后脉冲信号传给门控制器，门控制器判断后驱动电机运行，从而使门页自动打开，其原理如图 1.2 所示。

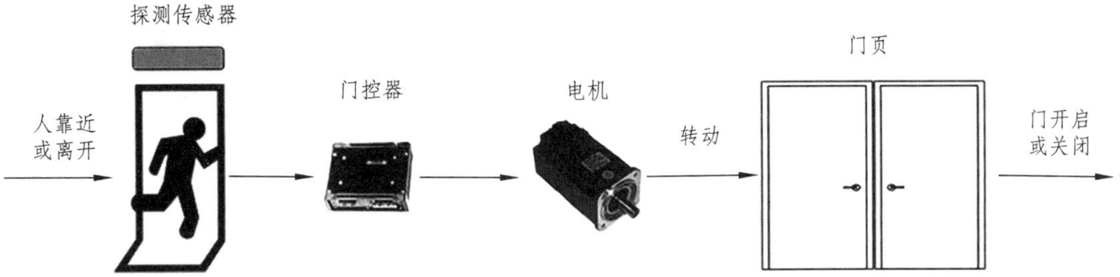

图 1.2　自动感应门控制原理

电机得到一定运行电流后做正向运行，将动力传给同步带，再由同步带将动力传给吊具系统使门页开启；门页开启后由控制器做出判断，如需关门，通知电机做反向运动，关闭门页。

2. 开环控制系统及其特点

开环控制是指无反馈信息的系统控制方式，如自动感应门控制。当操作者启动系统，使之进入运行状态后，系统将操作者的指令一次性输向受控对象。此后，操作者对受控对象的变化便不能做进一步的控制。采用开环控制设计的人机系统，操作指令的设计十分重要，一旦出错，将产生无法挽回的损失。

开环控制系统的特点：不将控制的结果反馈回来影响当前控制的系统。

3. 闭环控制系统及其特点

闭环控制是控制理论的一个基本概念，指作为被控的输出以一定方式返回到作为控制的输入端，并对输入端施加控制影响的一种控制关系，是一种带有反馈信息的系统控制方式。当操作者启动系统后，通过系统运行将控制信息传送给被控对象，并将被控对象的状态信息反馈到输入中，以修正操作过程，使系统的输出符合预期要求。闭环控制是一种比较灵活、工作效率较高的控制方式，工业生产中的多数控制方式采用闭环控制。

闭环控制系统的特点：可以将控制的结果反馈回来与期望值比较，并根据它们的误差调整控制作用。

举例 1：使用水龙头时，人们首先在头脑中对水流有一个期望的流量，水龙头打开后将眼睛观察到的现有的流量大小与期望值进行比较，并不断用手进行调节水流量，形成一个反馈闭环控制。

举例 2：城市轨道交通列车空气压缩机（简称空压机）自动控制系统，列车的总风管工作时的压力范围是 0.75 ~ 0.9 MPa，列车激活后，当气压低于 0.75 MPa 时，车辆控制单元控制空压机电流开通使空压机工作；空压机工作到一定程度，当气压高于 0.9 MPa 时，车辆控制单元控制空压机电流断开，空压机停止工作，如图 1.3 所示。

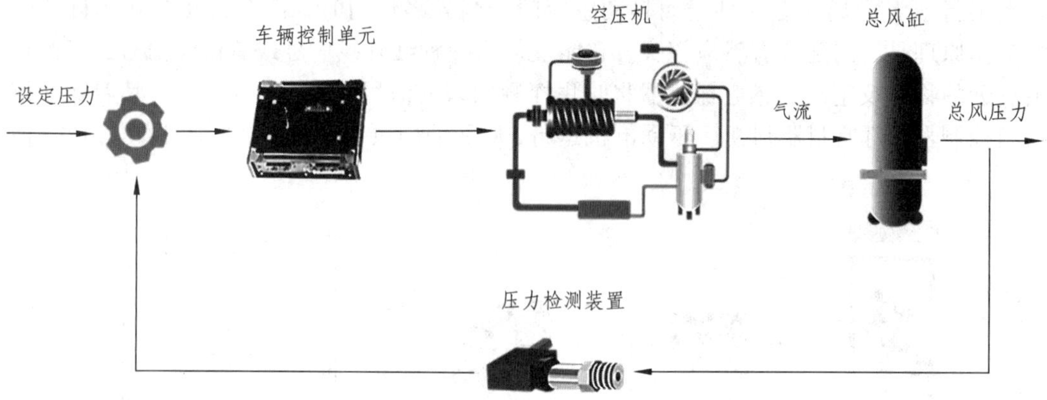

图 1.3　空压机控制原理

闭环控制原理（动画）

开环控制系统与闭环控制系统的区别如下：

（1）有无反馈；

（2）是否对当前控制起作用。

【思考题】

城市轨道交通列车自动驾驶控制系统属于开环控制系统还是闭环控制系统，如何判断？

1.2　网络控制系统概述

【知识目标】

（1）理解网络控制系统的基本概念；

（2）掌握网络控制系统的组成与结构；
（3）掌握网络控制系统的特点；
（4）了解控制系统的产生与发展。

【能力目标】

（1）能够描述网络控制系统的组成；
（2）能够描述网络控制系统网络结构的作用。

【学习内容】

1.2.1 网络控制系统的基本概念

网络控制系统（Networked Control System，NCS）又被称为基于网络的控制系统或网络化控制系统，是一种完全网络化、分布化的控制系统，是通过网络构成闭环的反馈控制系统。具体来说，网络控制系统以网络作为传输介质，实现传感器、控制器和执行器等系统各部件之间的信息交换，从而实现资源共享、远程检测与控制。例如，基于工业以太网和现场总线技术的网络控制系统都可以看成是一种狭义的网络控制系统。广义的网络控制系统不但包括狭义的网络控制系统，还包括通过因特网、企业信息网络以及企业内部网络，实现对工厂车间、生产线以及工程现场设备的远程控制、信息传输、信息管理和信息分析等。

NCS 的概念最早于 1999 年出现在马里兰大学 G. C. Walsh 的论著中，文中指出，在该系统中控制器与传感器通过串行通信形成闭环。人们对以网络为通信介质的控制系统研究最早可以追溯到 1988 年由 Y. Halevi 与 A. Ray 两位学者一起发表的一篇名为 *Integrated communication and control systems* 的论文。他们首次将控制系统与通信网络的研究结合起来，将这种系统命名为集成通信控制系统，并讨论了带有随机时延的线性控制系统的建模问题。

网络控制系统是计算机网络技术、通信技术、传感器技术和控制科学日益发展与交叉融合的产物，是计算机网络技术在控制领域的延伸和应用，是计算机控制系统的更高发展。

1.2.2 网络控制系统的组成与结构

网络控制系统一般由四部分组成：控制器、执行器、被控对象以及通信网络。被控对象一般为连续系统，而控制器一般采用离散系统。被控对象的输出通过传感器采样的方式离散化并通过通信网络发送到控制器的输入端。控制器进行运算后，将输出通过网络发送到被控对象的输入端，并由零阶保持器生成分段连续函数作为连续系统的输入。

在一个网络控制系统中，被控对象、传感器、执行器和控制器可以分布在不同的物理位置上，控制器可以不止一个，被控对象也可以不止一个，一个控制器可以控制多个对象，同时一个被控对象也可以通过控制器信息融合的方式或者分时的方式被多个控制器控制。网络控制系统的结构如图 1.4 所示。

图 1.4 表示的网络控制系统包含了 n 个被控对象及控制器，另外通信线路中还有其他负载参与工作，这种复杂的系统结构还可以抽象成径直结构网络模型与分层结构网络模型。

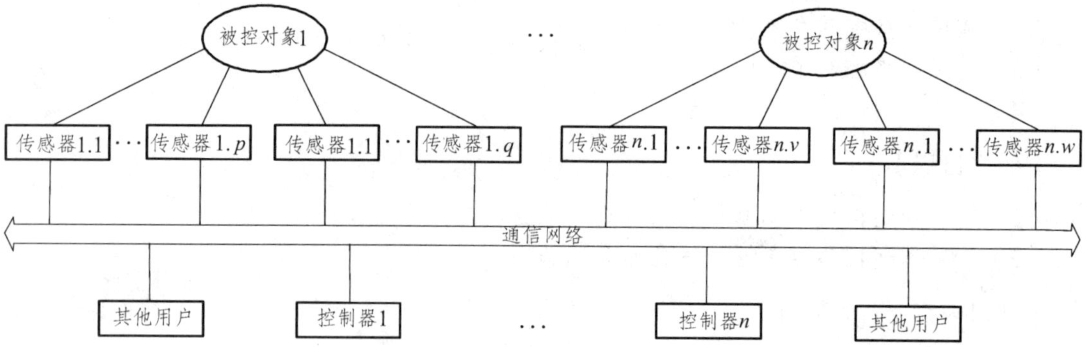

图 1.4　网络控制系统的结构

径直结构网络模型中，将控制器与执行器或传感器与控制器之间的信号传递中间环节网络化，如图 1.5 所示。在实际应用中，一个控制器可以控制多个被控对象，或者多个控制器管理一个被控对象，如网络打印机。

图 1.5　径直结构的网络控制系统

分层结构网络模型中，存在主、从控制器，主控制器综合各方面的信息通过网络将计算好的参考信号发送给从控制器，从控制器根据参考信号执行本地闭环控制，并将传感器测量数据传给主控制器，如图 1.6 所示。在这种网络控制系统中，主控制器只有一个，但从控制器可以是多个，城市轨道交通列车网络控制系统采用的正是这种网络控制模型。

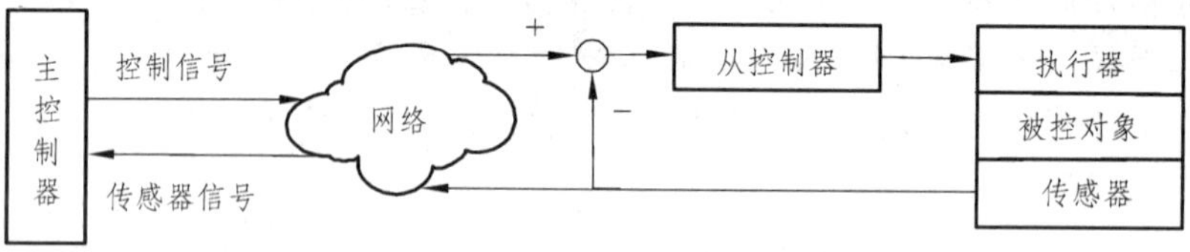

图 1.6　分层结构的网络控制系统

一般而言，网络控制回路具有比本地控制回路更长的采样周期。这是因为，从程控制器在处理新到达的信息之前已经假定满足参考信号。与径直结构相比，由于从控制器的存在，分层结构有更好的实时性。

实际应用中，采用何种结构往往取决于应用的需求和设计方案的选择。例如，在机器人应用中，机械手往往要求多个电机在其关节处同时平滑地旋转。这种情况下，采用机器人现有的控制器和分层结构更方便，系统的鲁棒性也更强。而在直流电机的控制中，由于要求网络控制的性能具有快速反应性，该情况就偏向于采用径直结构。在大规模的 NCS 中，也有可能同时采用两种控制结构，这是由 NCS 的异质网络结构所决定的。如果将远程闭环系统建模成类似于被控对象的状态空间模型或者传递函数，则分层结构实际上可以转换成径直结构。

1.2.3 网络控制系统的特点

与传统的点对点控制系统相比，网络控制系统具有共享信息资源、远程监测与控制、减少系统布线、易于扩展和维护、增加系统的灵活性和可靠性等优点，具体来说有以下几点：

（1）能以较小的信息传输代价实现远程操作和远程控制，用数字信号取代模拟信号在数字网络上传输，实现控制设备间的数字化互联。

（2）互操作性。即不同厂商的产品在同一网络中可以相互兼容，相互通信，可以不同程度地减少中间环节的信息处理设备，以降低控制成本。

（3）开放性。系统扩展容易，增加或减少节点比较简单，且维护性增强，可以实现决策管理层、调度层到现场控制设备层的全系统控制和全过程优化。

（4）节点智能化。很多节点都是带有 CPU（中央处理器）的智能终端，能够记录处理数据，节点之间通过网络实现信息传输和功能协调，每个节点都是组成网络控制系统的一个细胞，且具有各自相对独立的功能。

（5）控制现场化和功能分散化。网络化结构使原先由中央控制器实现的任务下放到智能化现场设备上执行，这使危险因素得到分散，从而提高了系统的可靠性和安全性。

此外，基于无线网络技术还可以利用广泛散布的传感器与远距离的控制器和执行器构成一些特殊用途的无线网络控制系统，这是传统的控制系统不能实现的。正是由于这些显著特点，网络控制系统在汽车控制系统、航天航空系统、电力系统和工业过程控制系统等工业领域获得了广泛的关注和应用。

同时，网络介入控制系统后，由于数据在网络中传输时延的不确定性，再加上数据出错和丢失等现象，网络控制系统不可避免地带来了以下问题：

（1）定常性的丧失。数据到达的时刻不再是定常和有规则的，不能再用简单的采样时间来刻画。

（2）完整性的丧失。由于数据在传输中可能发生丢失和出错，数据不再是完整的。

（3）因果性的丧失。由于网络传输时间的不确定，先产生的数据可以退于后产生的数据到达远程控制系统。因此，数据到达的次序不再遵守因果关系。

（4）确定性的丧失。由于数据到达的随机性，整个控制系统已不再是一个确定性的系统，而是一个随机的系统。

1.2.4 控制系统的产生与发展

一般将 20 世纪 50 年代以前的气动控制系统（Pneumatic Control System，PCS）称为第一代控制系统，将 4 ~ 20 mA 等模拟信号控制的系统称为第二代控制系统，将数字计算机集中式控制系统称为第三代控制系统，将 20 世纪 70 年代中期以来的集散式控制系统（DCS）称为第四代控制系统，将现场总线控制系统（FCS）称为第五代控制系统。FCS 作为新一代控制系统，一方面突破了 DCS 采用通信专用网络的限制，采用了基于公开化、标准化的解决方案，克服了封闭系统所造成的缺陷；另一方面把 DCS 集中与分散相结合的集散系统结构，变成了新型全分布式结构，将控制系统彻底下放到现场。可以说，开放性、分散性与数字通信是新一代控制系统最显著的特征。

【思考题】

网络控制系统的一个优点是共享信息资源，因此，在网络化的同时如何保证网络安全？

1.3 列车网络控制系统概述

【知识目标】

（1）掌握列车网络控制系统的功能；

（2）了解列车网络控制技术的发展。

【能力目标】

（1）能够描述列车网络控制系统的组成；

（2）能够描述列车网络控制系统各部分的作用。

【学习内容】

列车通信网络是一种应用在机械振动大、电磁环境恶劣、可靠性要求高、实时性强的列车环境中的控制网络。

列车网络控制系统是列车的核心部件，它包括以实现各种功能控制为目标的单元控制机、实现车辆控制的车辆控制机和实现信息交换的通信网络。列车网络控制系统与第三方系统的关系如图 1.7 所示。

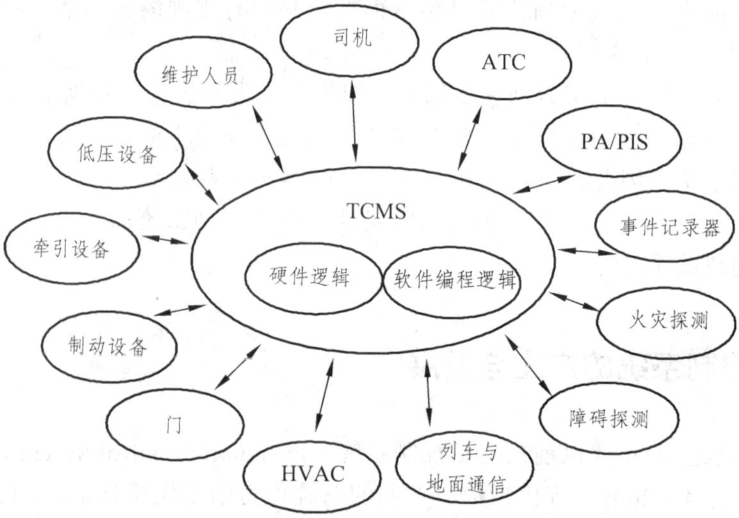

图 1.7 列车网络控制系统与第三方系统的关系

注：TCMS 为列车控制和管理系统；ATC 为列车自动控制系统；PA 为公共广播系统；PIS 为乘客信息系统；HVAC 为空气调节系统。

1.3.1 列车网络控制系统的功能

列车网络控制系统具有牵引/制动控制、车门控制、故障诊断等功能，以下将以 TCMS 来说明列车网络控制系统所具有的功能。

1. 高压集电管理

高压 DC 1 500 V 的电能用于牵引设备移动列车并为列车的各种电气设备提供电压。高压集电和诊断通过 ACE（计轴评估器）由 TCMS 进行管理，ACE 控制与检测信息链接于 MVB 总线（多功能列车总线）上，如图 1.8 所示。

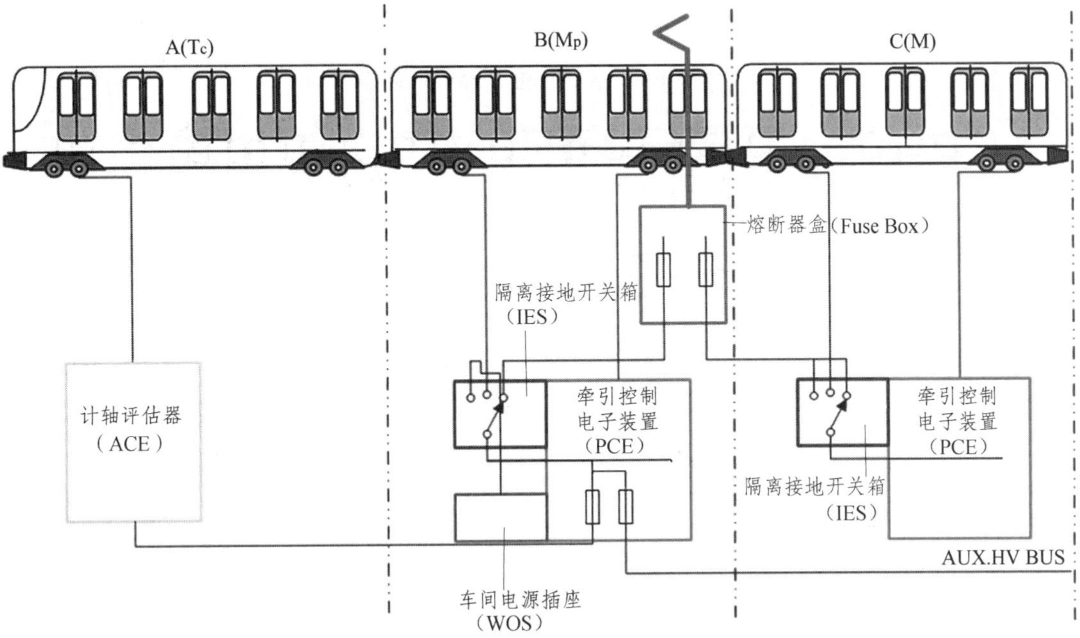

图 1.8 高压集电管理示意

2. 中低压管理

A（Tc）车配有 1 台静态逆变器和 1 个电池充电器，B（Mp）车则配有 1 块蓄电池，C（M）车配有 1 个电池充电器和 1 块蓄电池。中低压电源通过 ACE 由 TCMS 进行管理，ACE 控制与检测信息链接于 MVB 总线上，如图 1.9 所示。

3. 压缩空气管理

A（Tc）车配有 1 台压缩机、1 个网关阀和 1 个 RIO 阀（远程输入/输出阀），B（Mp）车配有 2 个 smart 阀（智能阀），C（M）车则配有 1 个网关阀和 smart 阀，如图 1.10 所示。

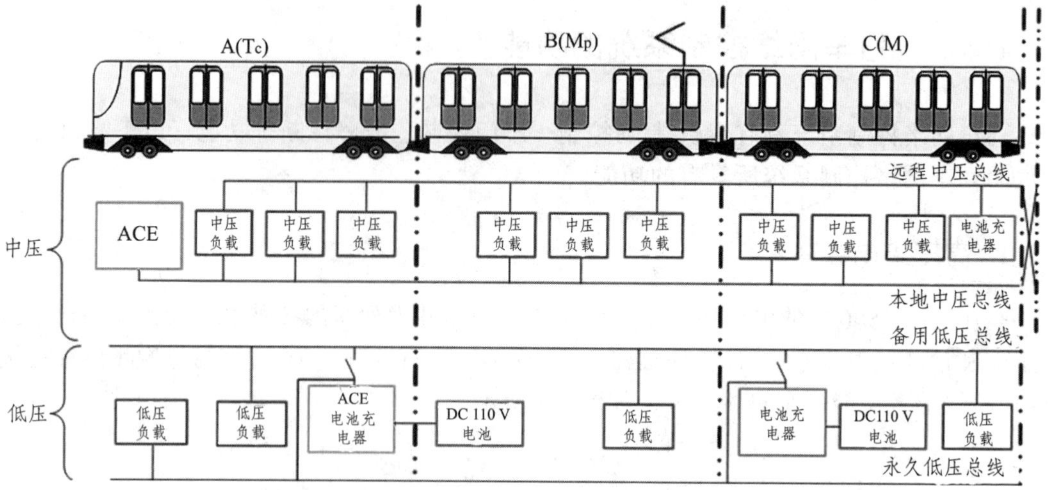

图 1.9　中低压电源管理示意

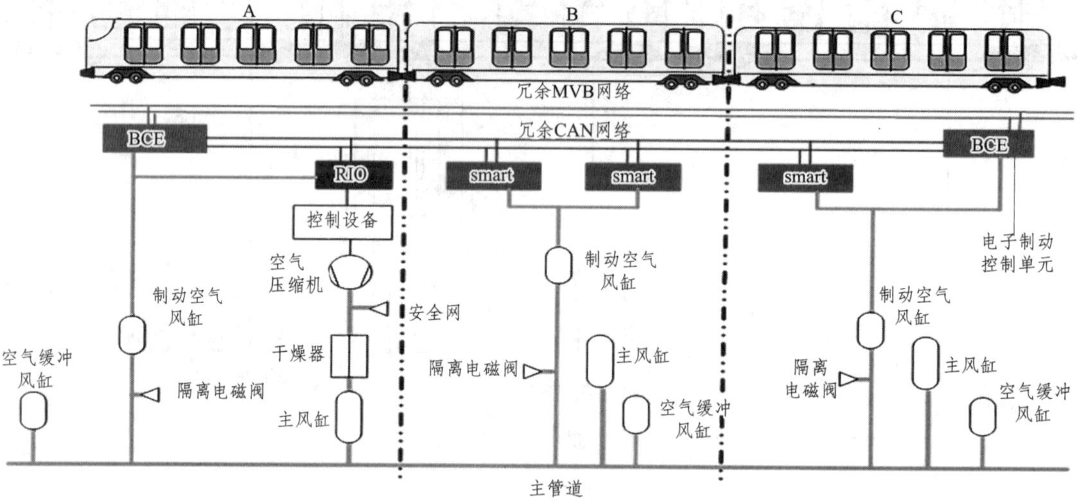

图 1.10　压缩空气管理示意

4. 空调管理

每辆车配有一台 HVAC 控制器，管理着两个 HVAC 动力单元（压缩机、冷凝器、蒸发器）和两台紧急逆变器，以便在中压丢失时提供通风。

通过 DDU（列车显示单元）可进行 HVAC 模式选择。一般有以下 4 种模式：

（1）停止模式：没有制冷、没有通风、没有制热。

（2）通风模式：没有制冷、没有制热。

（3）手动模式：由司机进行温度设置（19 ~ 27 °C）。

（4）自动模式：由 HVAC 控制器自动进行温度设置（取决于外部温度）。

在本地 HVAC 控制器上设有控制开关，可用于维护和测试：

（1）模式开关（自动，由 TCMS 管理，有停止、完全制冷、不完全制冷、制热、通风模式）。

（2）温度开关，只要当模式开关为自动（19 ~ 27 °C）时才可用。

TCMS 监视每辆车的 HVAC 状态（良好、故障、维护中）、DDU 上的舒适度图标。空调管理也通过 ACE 由 TCMS 进行管理，如图 1.11 所示。

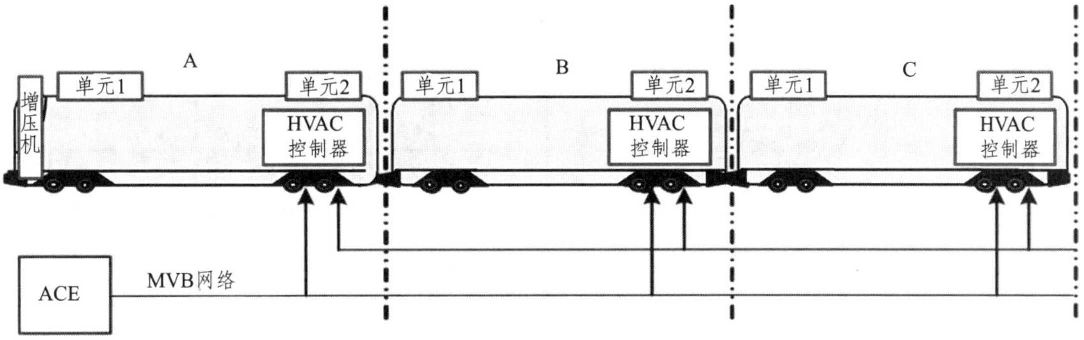

图 1.11　空调管理示意

5. 车门管理

车门管理采用 CAN（控制器局域网络）总线作为设备内部管理，并通过 RIOM（远程输入/输出模块）与 MVB（多功能列车总线）进行信息连接。如图 1.12 所示。

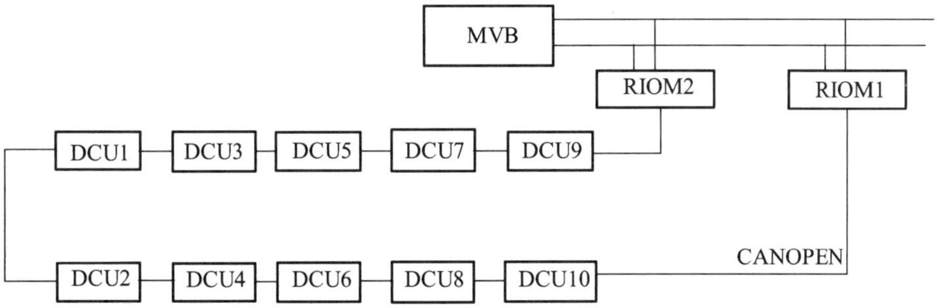

图 1.12　门控管理示意

门的变化取决于 TCMS 中设置的参数：

（1）门打开时间；

（2）门关闭时间；

（3）门打开延时；

（4）门关闭延时；

（5）施加于障碍物上的重复力的形状；

（6）紧急关闭力；

（7）在自由门关闭之前的障碍物数量；

（8）障碍物探测的中止时间；

（9）在完全打开的门关闭之前的障碍物数量；

（10）施加在障碍物上的力的时间；

（11）在障碍物探测周期后完全打开。

6. 牵引和电气制动控制管理

位于动车牵引箱内的牵引控制电子装置（PCE）确保牵引和电气制动。每个 PCE 控制着驱动该车 4 台电动机的逆变器模块。牵引力/制动力由 ATC 装置计算并通过 MVB 总线上的数值传递给牵引控制设备进行控制，如图 1.13 所示。

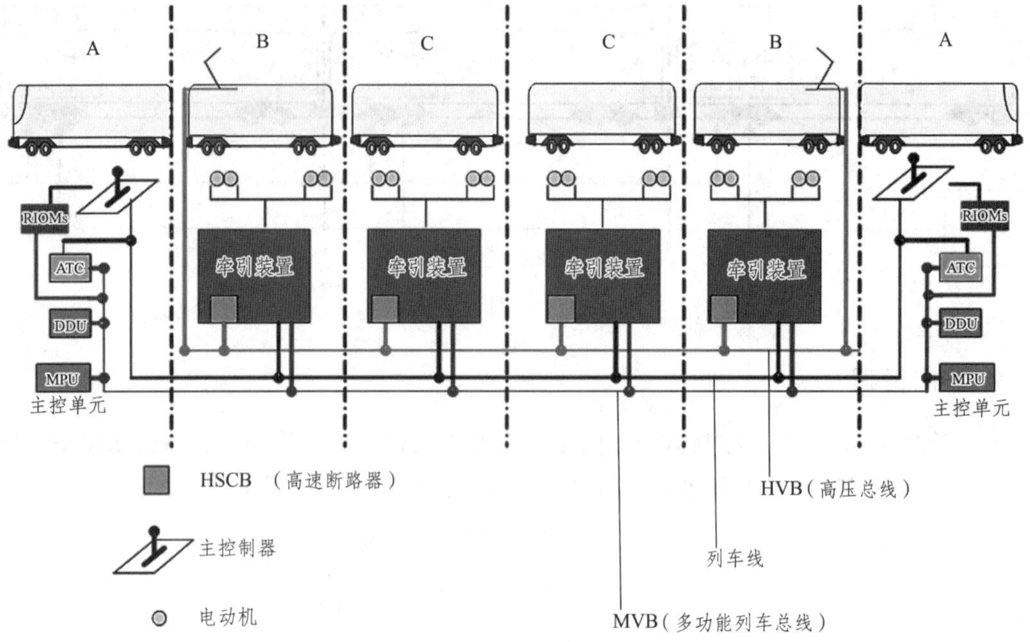

图 1.13　牵引与电气制动管理示意

7. 照明管理

列车照明在司机模式中，由 ELCS（智能照明控制器）点亮应急照明；在无人驾驶模式中，一旦 ATC 激活一个司机室，则应急照明点亮。一旦司机室开始工作，由司机控制台上的开关（在司机模式中）来控制正常照明。司机室则由两个开关控制司机室照明。照明管理也通过 ACE 由 TCMS 进行管理，如图 1.14 所示。

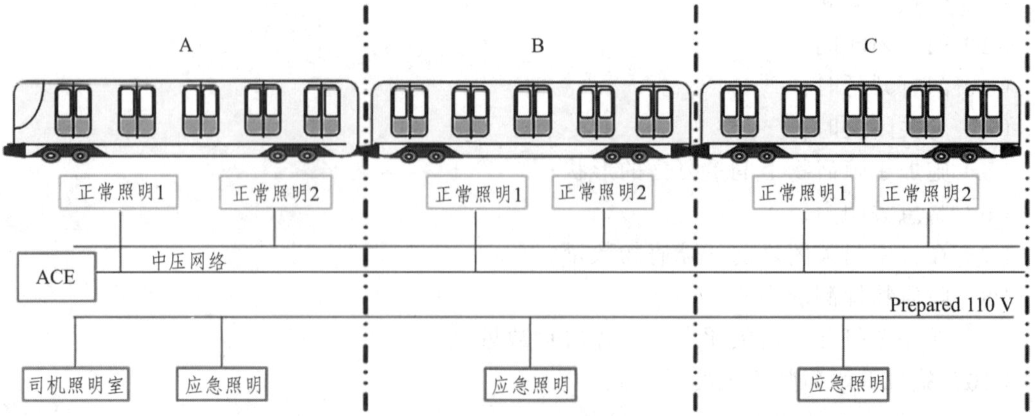

图 1.14　照明管理示意

8. 维护和诊断

维护和诊断系统是 e-Train 列车和车库办公室的一个维护工具，它并不特别针对某台设备，允许简单动作和高级动作。在列车每次休眠时，DDU 收集以太网上连接的所有设备的所有故障存储，编辑并筛选数据，并使用所有数据生成一个 csv 文件，通过 ATC DCRS，将该文件发送给 ftp 服务器，如图 1.15 所示。

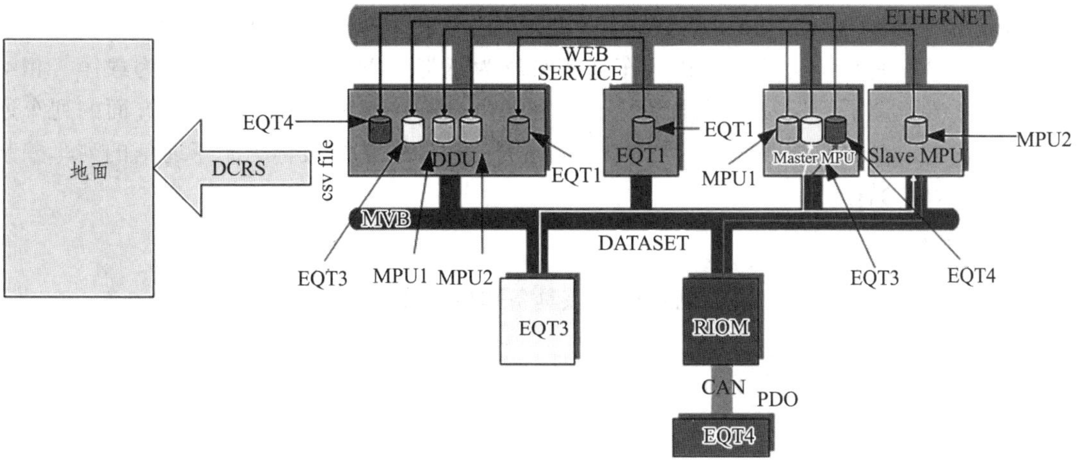

图 1.15　诊断和维护管理示意

1.3.2　列车网络控制技术的发展

计算机在轨道交通工具上的应用随着 20 世纪 70 年代后期微处理器技术的普及而迅速发展。微处理器开始主要应用于机车车辆单个设备的控制，如西门子、BBC 公司于 20 世纪 80 年代初把 8086 微处理器应用于机车或动车的传动控制中。

随着计算机技术的发展，机车车辆上微机控制的服务对象逐渐增多，如牵引、供电、制动等系统都广泛应用到了计算机技术。因此，列车控制系统引入了层次划分的思想，产生了基于串行通信的用于较为独立的控制设备或层次间信息交换的总线与企业标准，如 BBC 公司的连接机车控制层与传动控制层的串行控制器总线，该总线后来发展成为用于连接机车内的所有智能设备的 MICAS 车辆总线，简称 MVB。

初期的列车通信网络与列车控制系统是相对独立的。列车通信网络的任务主要是收集全列车各部件的状态、数据，以便进行监视和诊断；而列车控制系统主要通过硬线把命令传送到各节车厢，从而实现全车的重联控制。列车控制的命令是不经网络传送的，从而在列车网络通信失效时，不会使列车控制也跟着失效。这样做的主要原因是初期列车通信网络的可靠性还远未达到可信赖的程度。此时的列车通信网络在列车控制系统中并不是必不可少的。日本 300 系电动车组就是如此，它装有车辆情报管理系统（TIS），该系统所提供的情报用于帮助乘务员采取对策，便于维修；控制的级位和命令采用硬线直接传送，因而贯通全列车的硬线比较多。

随着列车通信网络技术的发展，其可靠程度不断提高，功能也在不断增强。它已不再局限于监视、诊断所需的情报收集，同时还传递控制所必需的信息，如各种控制命令都可通过网络传送到各车的各个部件，执行的结果也通过网络返回给司机。采用列车网络控制不仅可省去大量的重联线，而且可使全车各部件控制更加协调、精确和合理，从整体上提高了控制的技术水平。控制与监视、诊断合在一起，使信息更加丰富，也避免了重取信号，从而提高了监视和诊断的水平。20 世纪 90 年代初，产生了列车总线，以满足机车和动车组重联控制的需要，如德国西门子的 DIN 43322 列车总线、美国 Echelon 的 LonWorks 总线、法国 WorldFIP 组织的 WorldFIP 总线、日本的 ARCnet 网络等。至此，一些大的铁路电气设备公司以牵引控制系统为基础、以列车通信系统为纽带、以新器件和新工艺为载体，相继推出了广泛覆盖牵引、制动、辅助系统、旅客舒适设备控制和显示、诊断等方面的列车通信与控制系统，在欧洲一般简称为 TCC。在北美，类似的系统被称为基于通信的列车控制系统，简称为 CBTC。

【思考题】

一个功能完备的列车网络控制系统应该具备哪些功能？

课题 2 数据通信与网络基础

2.1 数据通信概述

【知识目标】

（1）理解数据通信的基本概念；

（2）掌握通信系统的组成以及各部分的作用；

（3）了解数据通信系统的性能指标。

【能力目标】

（1）能够描述数字通信系统的组成；

（2）能够描述数字通信系统各部分的作用。

【学习内容】

2.1.1 数据通信的基本概念

1. 信 息

信息是对客观事物特征和运动状态的描述，其形式表现为数字、文字、声音、图形、图像等。

信息是通信系统传输和处理的对象，是人类对自然界和社会不同事物的描述。

2. 数 据

数据是传递信息的实体。通信的目的是传递信息，传送之前必须先将信息用数据表示出来。

数据可分为两种：模拟数据和数字数据。用于描述连续变化量的数据称为模拟数据，如声音、温度、速度等；用于描述不连续变化量（离散值）的数据称为数字数据，如文本信息、图像、整数等。

3. 信 号

信号是数据在传输过程中的电磁波表示形式。

信号可以分为模拟信号和数字信号两种。模拟信号是一种连续变化的信号，其波形可以表示成一种连续性的正弦波，如图 2.1（a）所示；数字信号是一种离散信号，最常见也是最简单的数字信号是二进制信号，用数字“1”和数字“0”表示，其波形是一种不连续方波，如图 2.1（b）所示。

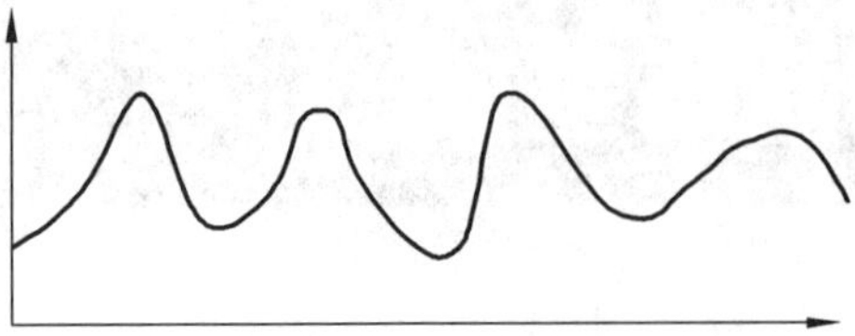

（a）模拟信号

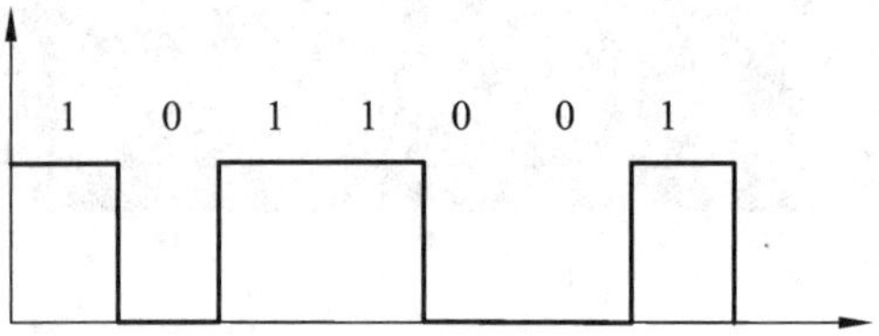

（b）数字信号

图 2.1 模拟信号和数字信号

4. 信　道

信道是传输信号的通道，由传输介质及相应的附属信号设备组成。

信道可分为逻辑信道和物理信道。一条线路可以是一条信道（一般称为物理信道），这条线路上可以有多条逻辑信道，如一条光纤可以供上千人通话，就有上千个逻辑信道。通常所讲的信道都是指逻辑信道。

根据信道传输的信号不同，信道又可以分为模拟信道和数字信道。

5. 带　宽

数据信号传送时信号的能量或功率的主要部分集中的频率范围称为信号带宽。若通信线路不失真地传送 2 MHz 或 10 MHz 的信号，则该通信线路的带宽为 2 MHz 或 10 MHz。信道上能够传送信号的最大频率范围称为信道带宽，信道带宽大于信号带宽。

6. 总　线

总线是将信息以一个或多个源部件传送到一个或多个目的部件的一组传输线。通俗地说，总线就是多个部件间的公共连线，用于在各个部件之间传输信息。人们常常以 MHz 来描述总线频率。

2.1.2 通信系统的基本组成

通信系统是传递信息所需的一切技术设备和信道的总和，通信的目的是传送信息。为使信息在信道中传送，首先应将信息表示成模拟数据或数字数据，然后将模拟数据转换成相应的模拟信号或将数字数据转换成相应的数字信号进行传输。

1. 模拟通信系统

以模拟信号进行通信的方式叫作模拟通信，实现模拟通信的通信系统称为模拟通信系统。传统的电话、广播、电视等系统都属于模拟通信系统，模拟通信系统的模型如图 2.2 所示。

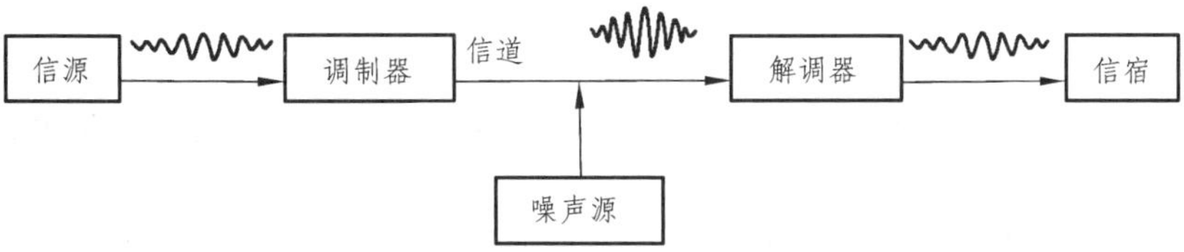

图 2.2 模拟通信系统的模型

模拟通信系统通常由信源、调制器、信道、解调器、信宿以及噪声源组成。信源所产生的原始模拟信号一般都要经过调制后再通过信道传输，到达信宿后，再通过解调器将信号解调出来。

在理想状态下，数据从信源发出到信宿接收，不会出现问题。但实际情况并非如此。对于实际的数据通信系统，由于信道中存在噪声，传送到信道上的信号在到达信宿之前可能会受到干扰而出错。因此，为了保证在信源和信宿之间能够实现正确的信息传输与交换，还要使用差错检测和控制技术。

2. 数字通信系统

用数字信号作为载体来传输信息或用数字信号对载波进行数字调制后再传输的通信方式叫作数字通信，实现数字通信的系统称为数字通信系统。计算机通信、数字电话以及数字电视系统都属于数字通信系统。数字通信系统的模型如图 2.3 所示。

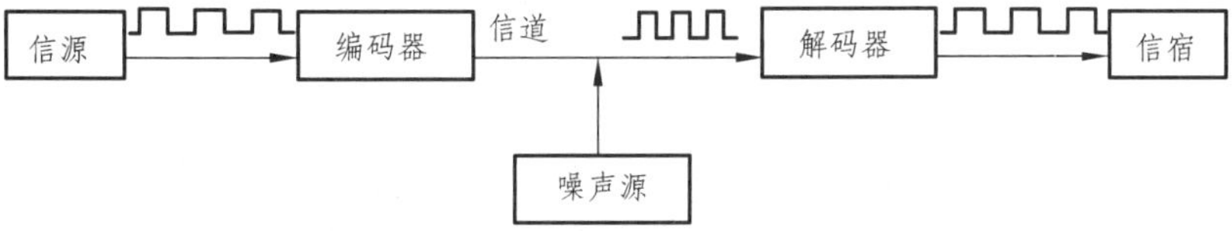

图 2.3 数字通信系统的模型

数字通信系统通常由信源、编码器、信道、解码器、信宿以及噪声源组成，发送端和接收端之间还有时钟同步系统。时钟同步系统是数字通信系统的一个不可缺的部分，为了保证接收端正确地接收数据，发送端与接收端必须有各自的发送时钟和接收时钟，接收端的接收时钟必须与发送端的发送时钟保持同步。

通信系统的工作原理（动画）

3. 通信系统各组成部分的作用

（1）信息源和接收者

信息源是信息的来源，是信息的产生者。其作用是把各种可能的信息通过相应的传感器转换成电信号。信息源可根据输出信号的性质不同分为模拟信息源和离散信息源。模拟信息源通过抽样和量化变换为离散信息源。随着计算机和数字通信技术的发展，离散信息源的种类和数量越来越多。

信息接收者是信息的使用者。在数字通信系统中传输的信息是数据，是数字化的信息。这些信息可能是原始数据，也可能是经计算机处理后的结果，还有可能是某种指令或标志。

（2）发送设备

发送设备的基本功能是将信息源和传输介质匹配起来，即将信息源输出的原始电信号变换为适合在信道中传输的信号。它通常包括编码器和调制器等。

对于数字通信系统来说，发送设备的编码常常又可分为信源编码与信道编码两部分。信源编码是把连续信号变换为数字信号，即 A/D 转换；而信道编码则是为了克服数字信号在信道传输时，由于噪声、衰减以及热干扰引起的差错，按一定的规则在传输的信息码元中加入监督码元，进行差错控制编码。

接收端的信道译码器按相应的逆规则进行译码，从中发现错误或纠正错误，从而提高通信系统的抗干扰能力。数字调制是把所传输的数字序列的频谱搬移到适合在信道中传输的频带上，把基带数字信号变换为频带数字信号。

发送设备还要为达到某些特殊要求而进行各种处理，如多路复用、保密处理等。

（3）传输介质

传输介质指发送设备到接收设备之间信号传递所经的媒介。它可以是无线的，也可以是有线的（包括光纤）。有线和无线均有多重传输介质，如电磁波、红外线为无线传输介质；各种电缆、光缆、双绞线等为有线传输介质。

介质在传输过程中必然会引起某些干扰，如热噪声、脉冲干扰、衰减等。介质的固有特性和干扰特性直接关系到变换方式的选取。

（4）接收设备

接收设备的基本功能是完成发送设备的反转换，即进行解调、译码、解密等。它的任务是在带有干扰的信号中正常恢复出原始信息来；对于多路复用信号，还包括解除多路复用、实现正确分路等。

（5）噪声源

噪声源不是人为加入的，而是通信系统中各种设备以及传输介质中噪声与干扰的集中表示。

2.1.3 数据通信系统的性能指标

通信的任务是快速、准确地传递信息。因此，从研究信息传输的角度来说，有效性和可靠性是评价数据通信系统优劣的主要性能指标。

有效性是指通信系统传输信息的“速率”问题，即快慢问题；可靠性是指通信系统传输信息的“质量”问题，即好坏问题。

对于模拟通信系统来说，系统的有效性和可靠性可用信道带宽和输出信噪比（或均方误差）来衡量；对于数字通信系统而言，系统的有效性和可靠性可用数据传输速率和误码率来衡量。

1. 有效性指标的具体表述

（1）数据传输速率。数字通信系统的有效性可用数据传输速率来衡量，数据传输速率越高，系统的有效性越好。通常可从码元速率和信息速率两个不同的角度来定义数据传输速率。

① 码元速率。码元速率又称波特率或调制速率，是指数据信号对载波的调制速率，它用单位时间内载波调制状态改变的次数来表示，其符号用 S 来表示，单位为波特（Baud）。除了表示调制速率，在信息传输通道中，码元速率也可以用来描述每秒钟通过信道传输的码元数。

由于数字信号是用离散值表示的，因此，每一个离散值就是一个码元，如图 2.4 所示。

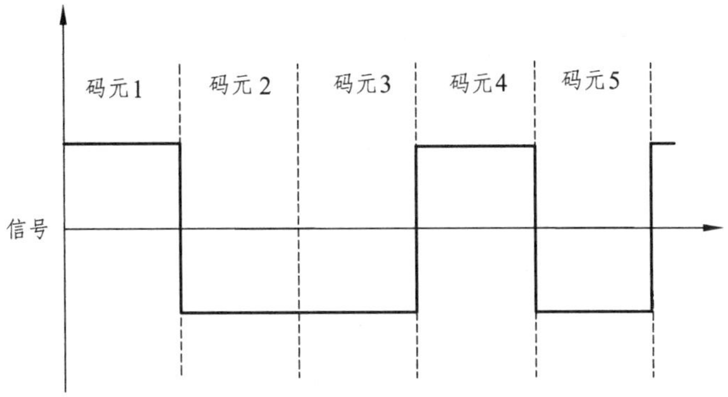

图 2.4　码元示意

因此，码元速率为

$$S = B / t \text{（Baud）} \tag{2.1}$$

式中，B 为码元数量；t 为传输码元所用的时间。

【例 2.1】某系统在 2 s 内共传送 1 200 个码元，请计算该系统的码元速率。

解：根据式（2.1）可知

$$S\text{=1 200/2=600（Baud）}$$

② 信息速率。信息速率又称为比特率，它反映出一个数字通信系统每秒实际传送的信息量，信息都用二进制的 0 和 1 来表示，其中每一个 0 或 1 被称作一个位，用小写 b 表示，即 bit（位），大写 B 表示 Byte，即字节，1 个字节=8 个位，即 1 B=8 b。信息速率的单位为位/秒（b/s），其定义为

$$R_{\text{b}} = B \times \log_2 M \text{（b/s）} \tag{2.2}$$

式中，M 为采用 M 级电平传送的信号。

$\log_2 M$ 为一个码元所取的离散值个数，即一个脉冲所表示的有效状态。

因为信息量与信号进制数 M 有关，因此，信息速率 R_{b} 也与 M 有关。

对于一个用二级电平（二进制）表示的信号，每个码元包含一位比特信息，也就是每个码元携带了一位信息量，其信息速率与码元速率相等。若对于一个用四级电平（四进制）表示的信号，每个码元包含了两位比特信息，也就是每个码元携带了两位信息量，因此，

其信息速率应该是码元速率的两倍，如图 2.5 所示。

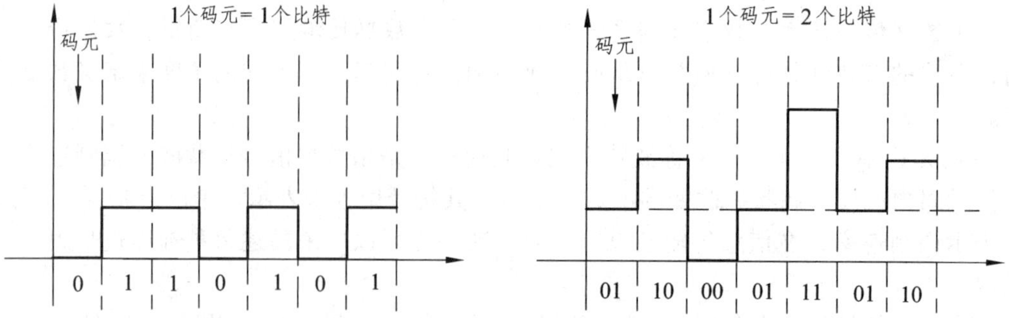

图 2.5　二级电平与四级电平

一个数字通信系统最大的信息速率称为信道容量，即单位时间可能传送的最大比特数，也即一个信道传输数字信号的能力，单位符号为 b/s。

（2）信道带宽。信道带宽是指信道中传输的信号在不失真的情况下所占用的频率范围，单位用赫兹（Hz）表示。信道带宽是由信道的物理特性决定的。例如，电话线路的频率范围为 300 ~ 3 400 Hz，则它的带宽范围也为 300 ~ 3 400 Hz。

通常，带宽越大，信道容量越大，数据传输速率越高。所以要提高信号的传输速率，信道就需要足够的带宽。从理论上讲，增加信道带宽是可以增加信道容量的。但实际上，信道带宽的无限增加并不能使信道容量无限增加，其原因在于信道中存在噪声，这制约了带宽的增加。

2. 可靠性指标的具体表述

衡量数字通信系统可靠性的指标，可用信号在传输过程中出错的概率来表述，即用差错率来衡量。差错率越高，表明系统可靠性越差。模拟通信系统可靠性用信噪比来衡量。

差错率通常有如下两种表示方法：

（1）误码率。

$$\text{误码率}P_{\mathrm{e}}=\frac{\text{传输出错的码元数}}{\text{传输的总码元数}}$$

（2）误比特率。

$$\text{误比特率}P_{\mathrm{b}}=\frac{\text{传输出错的比特数}}{\text{传输的总比特数}}$$

【例 2.2】已知某八进制数字通信系统的信息速率为 9 000 b/s，在接收端半小时内共测得出现了 162 个错误码元，求系统的误码率。

解：
$$R_{\mathrm{b}}=9\,000\ \mathrm{b/s}$$

$$S=\frac{R_{\mathrm{b}}}{\log_2 8}=3\,000\ \mathrm{Baud}$$

$$P_{\mathrm{e}}=\frac{162}{3\,000\times30\times60}=3\times10^{-5}$$

【思考题】

计算机中的信号是数字信号，怎样能使数字信号通过模拟信道进行传输？

2.2　数据编码与传输方式

【知识目标】

（1）掌握数据编码与调制技术；

（2）掌握数据的传输方式。

【能力目标】

能够利用脉冲编码调制技术将模拟信号数字化。

【学习内容】

2.2.1　数据编码与调制技术

1. 数据编码、调制类型

模拟数据和数字数据都可以用模拟信号或数字信号来表示和传输。在一定条件下，可以将模拟信号编码成数字信号，或将数字信号编码成模拟信号。其编码、调制类型有 4 种，如图 2.6 所示。

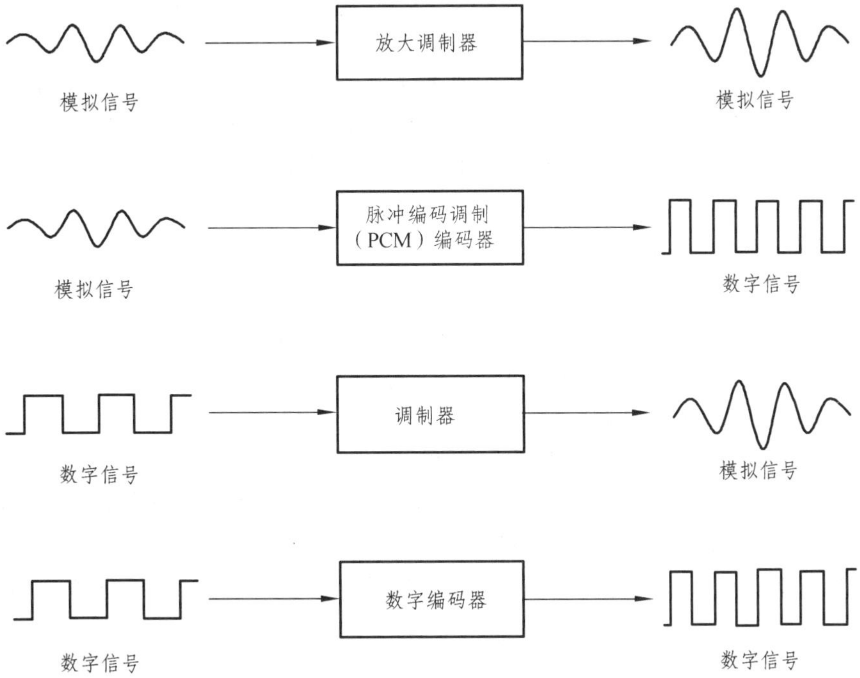

图 2.6　数据编码类型

2. 数据调制、解调技术

若模拟数据或数字数据采用模拟信号传输，须采用调制、解调技术。

（1）模拟数据的调制。模拟数据的基本调制技术主要有调幅、调频和调相。

（2）数字数据的调制。在目前的实际应用中，数字信号通常采用模拟通信系统传输，如目前我们通过传统电话线上网时，数字信号就是通过模拟通信系统（公共电话网）传输的，如图 2.7 所示。

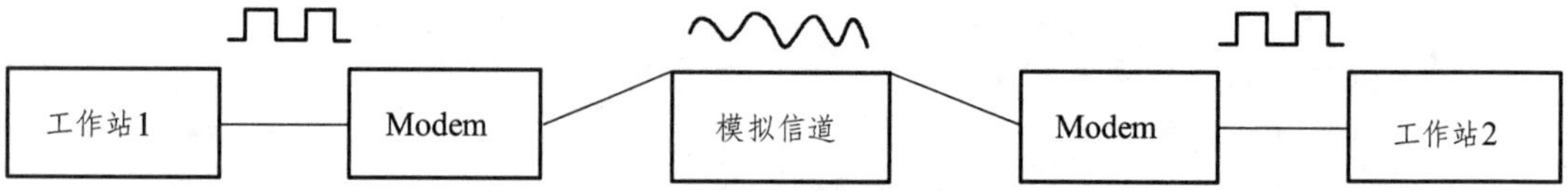

图 2.7　数字信号通过模拟通信系统的传输情况

传统的电话通信信道是为传输话音信号设计的，用于传输 300 ~ 3 400 Hz 的音频模拟信号，不能直接传输数字数据。为了利用模拟话音通信的传统电话网实现计算机之间的远程通信，必须将发送端的数字信号转换成能够在公共电话网上传输的模拟信号，这个过程称为调制；经传输后在接收端将话音信号逆转换成对应的数字信号，这个过程称为解调。实现数字信号与模拟信号互换的设备叫作调制解调器。

对数字数据调制有 3 种基本技术：移幅键控（ASK）、移频键控（FSK）和移相键控（PSK）。在实际应用中，以上 3 种调制技术通常结合起来使用。

3. 数据的编码、解码技术

若模拟数据或数字数据采用数字信号传输，须采用编码、解码技术。

（1）模拟数据的编码。

在数字化的电话交换和传输系统中，通常需要将模拟话音数据编码成数字信号后再进行传输。常用的一种方法称为脉冲编码调制（Pulse Code Modulation，PCM）技术。

脉冲编码调制技术是以采样定理为基础，对连续变化的模拟信号进行周期性采样，以有效信号最高频率的两倍或两倍以上的速率对该信号进行采样，那么通过低通滤波器可不失真地从这些采样值中重新构造出有效信号。

采用脉冲编码调制将模拟信号数字化的步骤如下：

① 采样：以采样频率将模拟信号的值采出，如图 2.8 所示。

② 量化：使连续模拟信号变为时间轴上的离散值。比如在图 2.8 中采用 8 个量化级，每个采样值用 3 位二进制数表示。

③ 编码：将离散值变成一定位数的二进制码。

【例 2.3】一个数字化语音系统，将声音分为 128 个量化级，用一位比特进行差错控制，采样速率为 8 000 次/s，则一路话音的数据传输率是多少？

解：128 量化级，表示的二进位制位数为 7 位，加一位差错控制，则每个采样值用 8 位表示。

数据传输率：8 000 次/s×8 位=64 kb/s

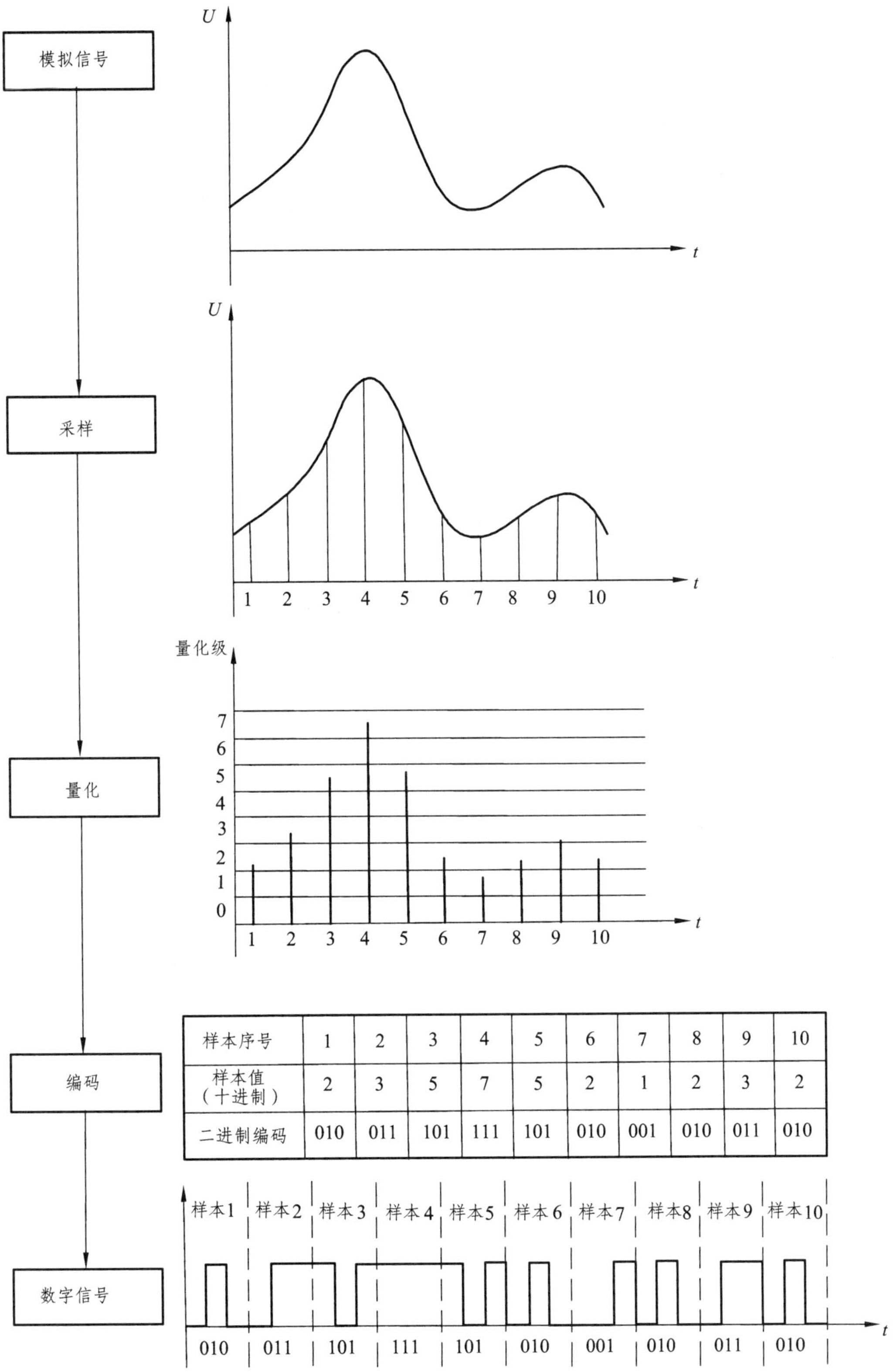

样本序号	1	2	3	4	5	6	7	8	9	10
样本值（十进制）	2	3	5	7	5	2	1	2	3	2
二进制编码	010	011	101	111	101	010	001	010	011	010

图 2.8　模拟信号数字化的过程

（2）数字数据的编码。

数字信号可以直接采用基带传输。基带传输就是在线路中直接传送数字信号的电脉冲，是一种最简单的传输方式。近距离通信的局域网都采用基带传输。采用基带传输时，需要解决的问题是数字数据的数字信号表示及收发两端之间的信号同步两个方面。

数字数据的编码方式主要有 3 种：不归零码（Non- Return to Zero，NRZ）、曼彻斯特编码（Manchester）和差分曼特斯特编码（Difference Manchester），如图 2.9 所示。

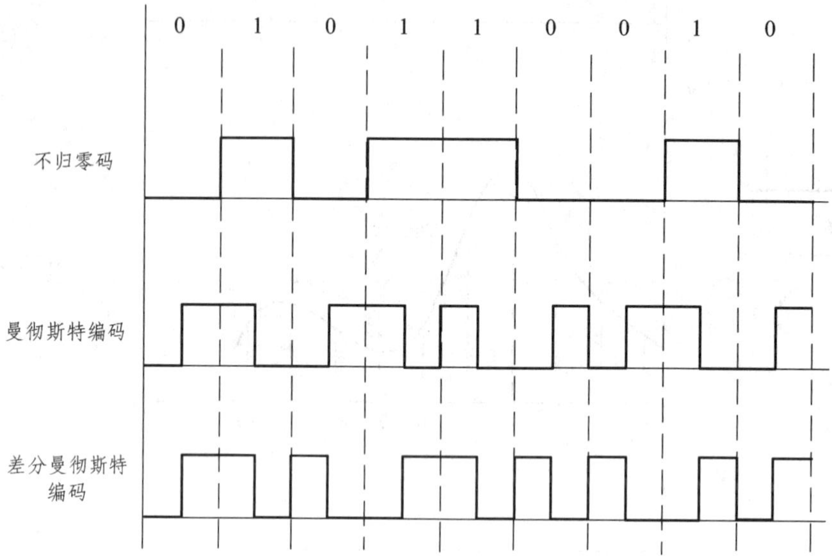

图 2.9　数字型号的编码

不归零码可以用负电平表示逻辑“1”，用正电平表示逻辑“0”，反之亦然。不归零码的缺点是发送方和接收方不能保持同步，需采用其他方法保持收发同步。

曼彻斯特编码每一位的中间有一跳变，位中间的跳变即作时钟信号，又作数据信号；从低到高跳变表示“0”（在位周期的前半段为低电平，在后半段为高电平），从高到低跳变表示“1”。

差分曼彻斯特编码每位中间的跳变仅提供时钟定时，用每位开始有无跳变来表示数据信号，有跳变为“0”，无跳变为“1”。

两种曼彻斯特编码是将时钟和数据包含在数据流中，在传输信息的同时，也将时钟同步信号一起传输到对方，每位编码中有一跳变，不存在直流分量，因此具有自同步能力和良好的抗干扰性能。但每一个码元都被调成两个电平，所以数据传输速率只有调制速率的 1/2。

2.2.2　数据的传输方式

在数字通信中，按每次传送的数据位，传输方式可分为串行通信和并行通信两种。

1. 串行通信

串行通信是指使用一条数据线，将数据一位一位地依次传输，每一位数据占据一个固定的时间长度。其只需要少数几条线就可以在系统间交换信息，特别适用于计算机与计算机、计算机与外设之间的远距离通信，如图 2.10 所示。

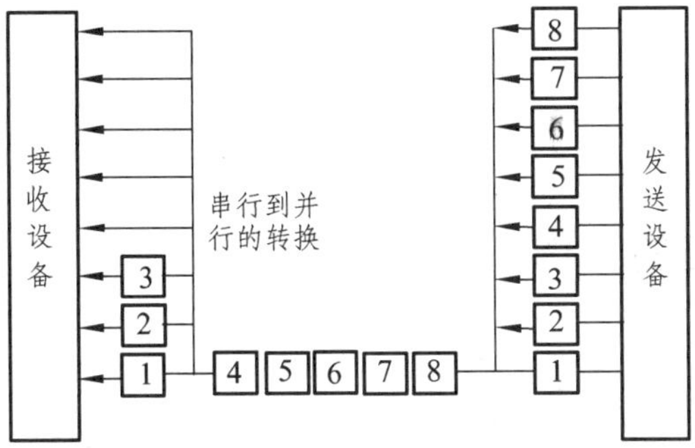

图 2.10　串行通信

2. 并行通信

在计算机和终端之间的数据传输通常是靠电缆或信道上的电流或电压变化实现的。如果一组数据的各数据位在多条线上同时被传输，这种传输方式称为并行通信，如图 2.11 所示。接收设备可同时接收到这些数据，不需要做任何变换就可直接使用。并行方式主要用于近距离通信。计算机内的总线结构就是并行通信的例子。这种方法的优点是传输速度快，处理简单；缺点是需要铺设多条线路，不适合长距离传输。

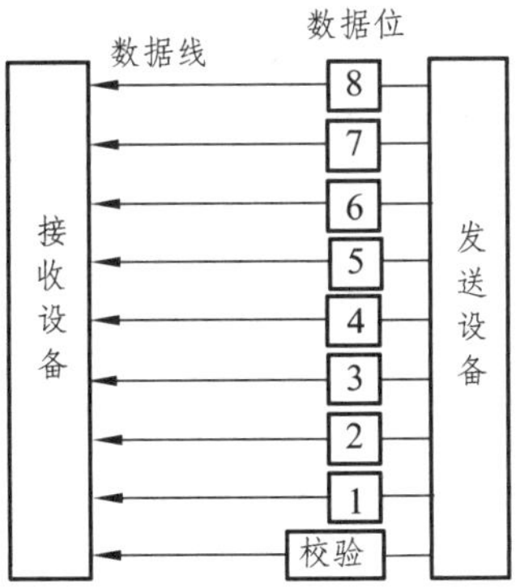

图 2.11　并行通信

【思考题】

利用脉冲编码调制技术将模拟信号数字化时，如何降低失真?

2.3　线路工作方式与信号传输方式

【知识目标】

（1）理解通信线路的工作方式；

（2）了解数据接收方式；

（3）掌握信号的传输方式。

【能力目标】

能够判断通信系统的通信线路工作方式。

【学习内容】

2.3.1 通信线路的工作方式

在并行通信中，所用的数据传输线较多，因此不适合长距离传输。而串行通信所需的传输线较少，所以采用串行传输线方式可以节省传输线。在数据位较多、传输距离较长的情况下，这个优点更为突出，可以降低成本。在串行通信中，按照数据在通信线路上的传输方向与时间的关系，可以将串行通信分为单工通信、半双工通信和全双工通信。

1. 单工通信

单工通信信道是单向信道，发送端和接收端的身份是固定的，发送端只能发送信息，不能接收信息；接收端只能接收信息，不能发送信息，数据信号仅从一端传送到另一端，即信息流是单方向的，如图 2.12 所示。例如：无线电广播、BP 机、传统的模拟电视都属于单工通信。

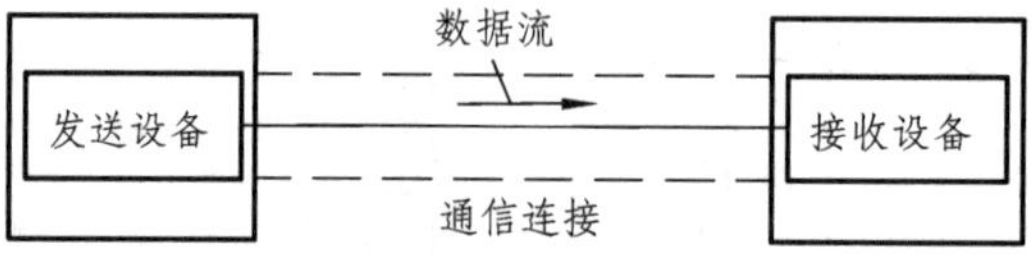

图 2.12　单工通信

2. 半双工通信

半双工通信（Half-duplex Communication）可以实现双向通信，但不能在两个方向上同时进行，必须轮流交替地进行，如图 2.13 所示。

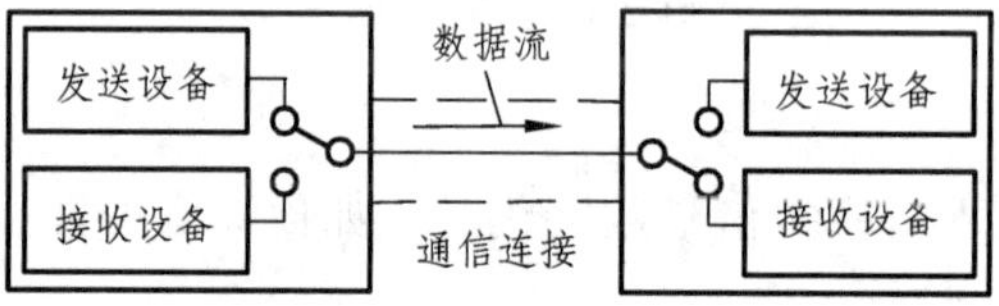

图 2.13　半双工通信

在这种工作方式下，发送端可以转变为接收端；相应地，接收端也可以转变为发送端。但是在同一时刻，信息只能在一个方向上传输。因此，也可以将半双工通信理解为一种切换方向的单工通信。

例如：对讲机是日常生活中最为常见的一种半双工通信方式，手持对讲机的双方可以互相通信，但在同一时刻，只能由一方在讲话。

3. 全双工通信

全双工通信（Full duplex Communication）是指在通信的任意时刻，线路上存在 A 到 B 和 B 到 A 的双向信号传输。全双工通信允许数据同时在两个方向上传输，因此又称为双向同时通信，即通信的双方可以同时发送和接收数据。在全双工方式下，通信系统的每一端都设置了发送器和接收器，因此，能控制数据同时在两个方向上传送。全双工方式无须进行方向的切换，因此，没有切换操作所产生的时间延迟，这对那些不能有时间延误的交互式应用（如远程监测和控制系统）十分有利。这种方式要求通信双方均有发送器和接收器，同时，需要两根数据线传送数据信号，如图 2.14 所示。

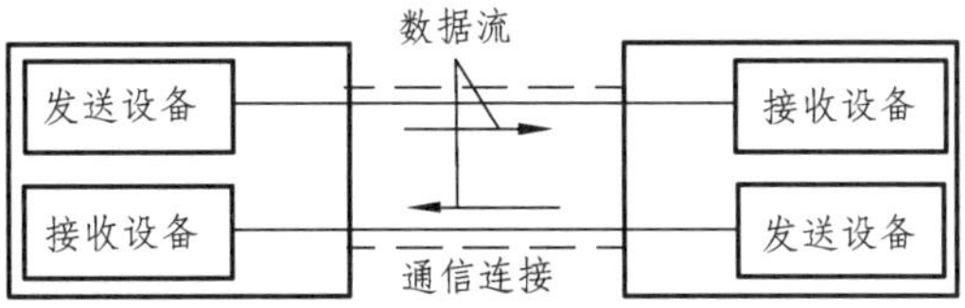

图 2.14　全双工通信

理论上，全双工传输可以提高网络效率，但是实际上仍是配合其他相关设备才有用。例如必须选用双绞线的网络缆线才可以全双工传输，而且中间所接的集线器，也要能全双工传输；最后，所采用的网络操作系统也得支持全双工作业，如此才能真正发挥全双工传输的作用。

例如：计算机主机用串行接口连接显示终端，而显示终端带有键盘。这样，一方面键盘上输入的字符送到主机内存；另一方面，主机内存的信息可以送到屏幕显示。通常，往键盘上打入 1 个字符以后，先不显示，计算机主机收到字符后，立即回送到终端，然后终端再把这个字符显示出来。这样，前一个字符的回送过程和后一个字符的输入过程是同时进行的，即工作于全双工方式。

2.3.2　数据接收方式

在网络通信过程中，通信双方交换数据时需要高度协同工作。为了正确地解释信号，接收方必须确切地知道信号应当何时接收和何时结束，因此定时是至关重要的。在数据通信中，定时的因素称为同步。同步是要接收方按照发送方发送的每个位的起止时刻和速率来接收数据，否则，收发之间就会产生很小的误差。随着时间推移的逐步累积，就会造成传输的数据出错。

通常使用的同步技术有两种：异步方式和同步方式。

1. 异步方式

在异步方式中，每传送 1 个字符（7 或 8 位）都要在每个字符码前加 1 个起始位，以表示字符代码的开始；在字符代码校验码后加 1 或两个停止位，表示字符结束，如图 2.15 所示。接收方根据起始位和停止位来判断一个新字符的开始和结束，从而起到通信双方的同步作用。

异步方式实现比较容易，但每传输一个字符都需要多使用 2 位或 3 位，所以比较适合于低速通信。

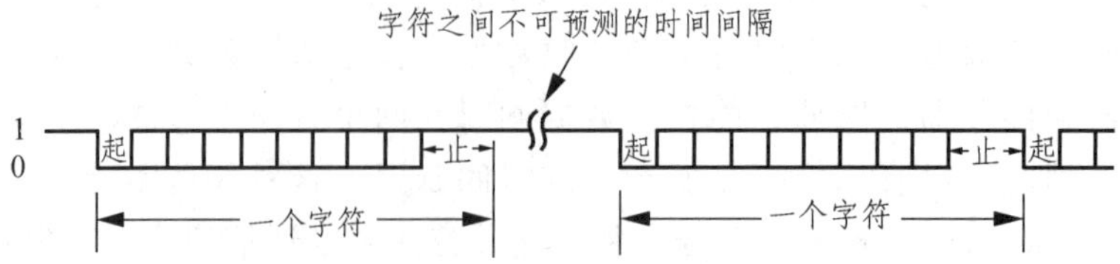

图 2.15　异步传输

2. 同步方式

通常，同步方式的信息格式是一组字符或一个二进制位组成的数据块（也称为帧）。对这些数据，不需要附加起始位或停止位，而是在发送一组字符或数据块之前先发送一个同步字符 SYN（以 01101000 表示）或一个同步字节（01111110），用于接收方进行同步检测，从而使收发双方进入同步状态。在同步字符或字节之后，可以连续发送任意多个字符或数据块，发送数据完毕后，再使用同步字符或字节来标识整个发送过程的结束，如图 2.16 所示。

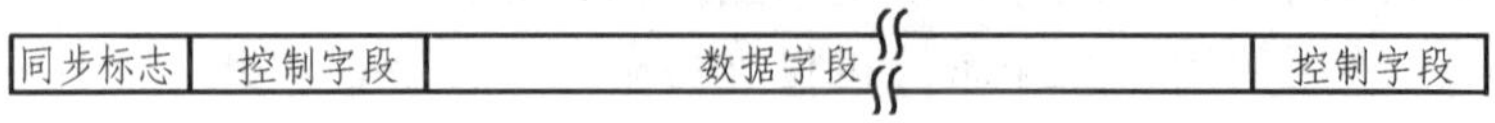

图 2.16　同步传输

在同步传送时，由于发送方和接收方将整个字符组作为一个单位传送，且附加位又非常少，从而提高了数据传输的效率。这种方法一般用在高速传输数据的系统中，比如计算机之间的数据通信。

2.3.3　信号的传输方式

1. 基带传输

基带是原始信号所占用的基带频率，也就是原始数字信号调制以前所占有的频带宽度。基带传输是指在线路上直接传输基带信号或略加整形后进行的传输。

在基带传输中，整个信道只传输一种信号，因此通信信道利用率低。数字信号被称为基带数字信号，在基带传输中，需要对数字信号进行编码后再传输。

基带传输是一种最简单、最基本的传输方式。基带传输过程简单，设备费用低，基带信号的功率衰减不大，适用于近距离传输的场合。在局域网中通常使用基带传输技术。

2. 频带传输

远距离通信信道多为模拟信道，例如，传统的电话（电话信道）只是用于传输音频范围（300 ~ 3 400 Hz）的模拟信号，不适合用于直接传输频带很宽但能量集中在低频段的数字基带信号。

频带传输就是先将基带信号变换（调制）成便于在模拟信道中传输的、具有较高频率范围的模拟信号（称为频带信号），再将这种频带信号在模拟信道中传输。计算机网络的远距离通信通常采用的是频带传输。基带信号与频带信号的转换是由调制解调器完成的。

3. 宽带传输

所谓宽带，就是指比音频带宽还要宽的频带，简单地说，就是包括了大部分电磁波频谱的频带。使用这种宽频带进行传输的系统称为宽带传输系统，它几乎可以容纳所有的广播，并且还可以进行高速率的数据传输。

借助频带传输，一个宽带信道可以被划分为多个逻辑基带信道，把声音、图像和数据信息的传输综合在一个物理信道中进行，以满足用户对网络的更高要求。总之，宽带传输一定是采用频带传输技术的，但频带传输不一定就是宽带传输。“带宽”和“宽带”：宽带是指数据信号传送时所占据的频率范围。描述宽带的单位为“比特/秒”。例如，带宽是 10 M，实际上是指 10 Mb/s。宽带是指比音频带宽还要宽的频带，使用这种宽频带进行传输的系统称为宽带传输系统。宽带是一种相对概念，并没有绝对的标准。

“宽带线路”与“窄带线路”：宽带线路是指每秒钟有更多比特从计算机注入线路。宽带线路和窄带线路上比特的传播速率是一样的。如果用“汽车运货”来比喻“宽带线路”和“窄带线路”，它们的关系如图 2.17 所示。

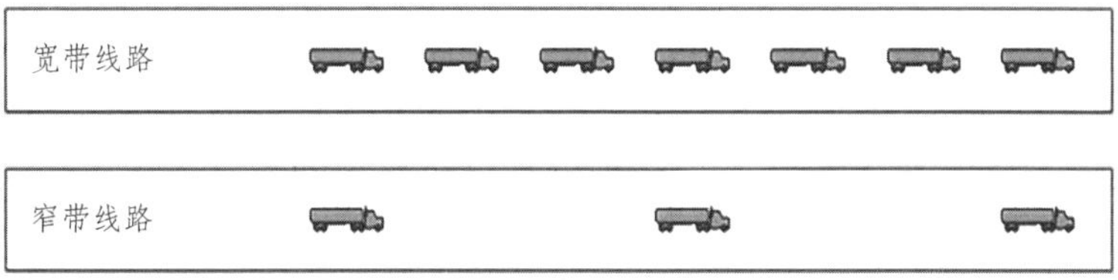

图 2.17　宽带线路和窄带线路的比较

“宽带线路”与“并行传输”：有人把宽带线路比喻成“多车道，说数据在宽带线路中传输就像汽车在多车道上跑”，这其实是不正确的，汽车在多车道公路上跑，相当于“并行传输”，而在通信线路上的数据通常都是“串行传输”，如图 2.18 所示。

图 2.18　宽带线路与并行传输

【思考题】

手机蓝牙采用了什么样的信号传输方式？如何判断？

2.4 计算机网络基础

【知识目标】

（1）理解计算机网络的定义、功能及系统组成；

（2）了解计算机网络的逻辑结构及分类。

【能力目标】

（1）能够描述计算机网络系统的组成；

（2）能够描述计算机网络系统各部分的作用。

【学习内容】

2.4.1 计算机网络的定义

计算机网络是指利用通信线路和通信设备，将分布在不同地理位置、具有独立功能的多台计算机系统、终端及其附属设备互相连接，以功能完善的网络软件（网络操作系统和网络通信协议等）实现资源共享和网络通信的计算机系统的集合，它是计算机技术和通信技术相结合的产物。

"具有独立功能的计算机系统"是指入网的每一个计算机系统都有自己的软、硬件系统，都能完全独立地工作，各个计算机系统之间没有控制与被控制的关系，网络中任意一个计算机系统只在需要使用网络服务时才自愿登录上网，真正进入网络工作环境。"通信线路和通信设备"是指通信媒介和相应的通信设备。通信媒介可以是光纤、双绞线、微波等多种形式，一个地域范围较大的网络中可能使用多种媒介。将计算机系统与通信媒介连接，需要使用一些与媒介类型有关的接口设备以及信号转换设备。"网络操作系统和网络通信协议"是指在每个入网的计算机系统的系统软件之上增加的专门用来实现网络通信、资源管理、实现网络服务的软件。"资源"是指网络中可共享的所有软、硬件，包括程序、数据库、存储设备、打印机等。

由上面的定义可知，带有多个终端的多用户系统、多机系统都不是计算机网络。邮电部门的电报、电话系统是通信系统，而不是计算机网络。

如今，我们可以随处接触到各种各样的计算机网络，如企业网、校园网、图书馆的图书检索网、商贸大楼内的计算机收费网，还有提供多种多样接入方式的 Internet 等。

2.4.2 计算机网络的功能

计算机网络具有丰富的资源和多种功能，其主要功能是资源共享和数据通信。

1. 资源共享

资源共享就是共享网络上的硬件资源、软件资源和信息资源。

（1）硬件资源。计算机网络的主要功能之一就是共享硬件资源，即连接在网络上的用户可以共享使用网络上各种不同类型的硬件设备。共享硬件资源的好处是显而易见的。网上一个低性能的计算机，可以通过网络使用不同类型的设备，既解决了部分资源贫乏的问题，同时也有效地利用了现有的资源，充分发挥了资源的潜能，提高了资源的利用率。

（2）软件资源。互联网上有极为丰富的软件资源，可以让大家共享。例如，各种网络操作系统、应用软件、工具软件、数据库管理软件等。共享软件允许多个用户同时调用服务器的各种软件资源，并且保持数据的完整性和统一性。用户可以通过使用各种类型的网络应用软件，共享远程服务器上的软件资源；也可以通过一些网络应用程序，将共享软件下载到本机使用，比如匿名 FTP（文件传输协议）就是一种专门提供共享软件的信息服务。

（3）信息资源。信息是一种非常重要和宝贵的资源。互联网就是一个巨大的信息资源宝库，其信息资源涉及各个领域，内容极为丰富。每个接入互联网的用户都可以共享这些信息资源，可以在任何时间以任何形式去搜索、访问、浏览和获取这些信息资源。

2. 通信功能

组建计算机网络的主要目的就是为了使分布在不同地理位置的计算机用户能够相互通信、交流信息和共享资源。计算机网络中的计算机与计算机之间或计算机与终端之间，可以快速可靠地相互传递各种信息，如数据、程序、文件、图形、图像、声音、视频流。利用网络的通信功能，人们可以进行各种远程通信，实现各种网络上的应用，如收发电子邮件、视频点播、视频会议、远程教学、远程医疗、在网上发布各种消息、进行各种讨论等。

3. 其他功能

计算机网络的功能除了资源共享和通信功能外，还有很多。如当网络中某台主机负担过重时，通过网络和一些应用程序的管理，可以将任务传送给网络中其他计算机进行处理，以平衡工作负荷，减少延迟，提高效率，充分发挥网络系统上各主机的作用，以提高系统的可用性。在某些实时控制和要求高可靠性的场合，通过计算机网络实现的备份技术可以提高计算机系统的可靠性。当某一台计算机发生故障时，可以立即由网络中的另一台计算机代替其完成所承担的任务。这种技术在许多领域得到了广泛应用，如铁路、工业控制、空中交通、电力供应等。

2.4.3 计算机网络的系统组成

根据网络的定义，一个典型的计算机网络主要由计算机系统、数据通信系统、网络软件及网络协议三大部分组成。计算机系统是网络的基本模块，为网络内的其他计算机提供共享资源；数据通信系统是连接网络基本模块的桥梁，它提供各种连接技术和信息交换技术；网络软件是网络的组织者和管理者，在网络协议的支持下，为网络用户提供各种服务。

1. 计算机系统

计算机系统主要完成数据信息的收集、存储、处理和输出，提供各种网络资源。计算机系统根据在网络中的用途可分为两类：主计算机和终端。

（1）主计算机。主计算机（Host）负责数据处理和网络控制，是构成网络的主要资源。主计算机又称主机，主要由大型机、中小型机和高档微机组成，网络软件和网络的应用服务程序主要安装在主机中。在局域网中，主机称为服务器（Server）。

（2）终端。终端（Terminal）是网络中数量大、分布广的设备，是用户进行网络操作、实现人机对话的工具。一台典型的终端看起来很像一台 PC 机（个人计算机），有显示器、键盘和一个串行接口。与 PC 机不同的是，终端没有 CPU 和主存储器。在局域网中，以 PC 机代替了终端，既能作为终端使用，又可作为独立的计算机使用，被称为工作站（Workstation）。

2. 数据通信系统

数据通信系统主要由通信控制处理机、传输介质和网络连接设备组成。

（1）通信控制处理机。通信控制处理机又称通信控制器或前端处理机，是计算机网络中完成通信控制的专用计算机，一般由小型机或微机充当，或者是带有 CPU 的专用设备。通信控制处理机主要负责主机与网络的信息传输控制，它的主要功能是：线路传输控制、差错检测与恢复、代码转换以及数据帧的装配与拆装等。这些工作对网络用户是完全透明的。它使得计算机系统不再关心通信问题，而集中进行数据处理工作。

在广域网中，常采用专门的计算机充当通信处理机。在局域网中，由于通信控制功能比较简单，所以没有专门的通信处理机，而采用网络适配器（也称网卡）插在计算机的扩展槽完成通信控制功能。在以交互式应用为主的微机局域网中，一般不需要配备通信控制处理机，但需要安装网络适配器，用来担任通信部分的功能。

（2）传输介质。传输介质是传输数据信号的物理通道，通过它将网络中各种设备连接起来。根据网络使用的传输介质，可以把计算机网络分为有线网络和无线网络。有线网络包括以双绞线为传输介质的双绞线网、以光缆为传输介质的光纤网、以同轴电缆为传输介质的同轴电缆等；无线网络包括以无线电波为传输介质的无线网和通过卫星进行数据通信的卫星数据通信网等。

（3）网络互联设备。网络互联设备用来实现网络中各计算机之间的连接、网与网之间的互联、数据信号的变换以及路由选择等功能，主要包括中继器（Repeater）、集线器（Hub）、调制解调器（Modem）、网桥（Bridge）、路由器（Router）、网关（Gateway）和交换机（Switch）等。

3. 网络软件及网络协议

软件一方面授权用户对网络资源的访问，帮助用户方便、安全地使用网络；另一方面管理和调度网络资源，提供网络通信和用户所需的各种网络服务。网络软件一般包括网络操作系统、网络协议、网络管理和网络应用软件等。

（1）网络操作系统。任何一个网络在完成了硬件连接之后，需要继续安装网络操作系统（NOS）软件，才能形成一个可以运行的网络系统。网络操作系统是网络系统管理和通信控制软件的集合，它负责整个网络的软、硬件资源的管理以及网络通信和任务的调度，并提供用户与网络之间的接口。目前，计算机网络操作系统有：UNIX、Windows NT、Windows 2000 Server、Netware 和 Linux 等。

（2）网络协议。网络协议是实现计算机之间、网络之间相互识别并正确进行通信的一组标准和规则，它是计算机网络工作的基础。

在 Internet 上传送的每个消息至少通过三层协议：网络协议（Network Protocol），它负责将消息从一个地方传送到另一个地方；传输协议（Transport Protocol），它管理被传送内容的完整性；应用程序协议（Application Protocol），作为对通过网络应用程序发出的一个请求的应答，将传输转换成人类能识别的东西。

网络协议主要由语法、语义、同步三部分组成。语法指数据与控制信息的结构或格式；语义指需要发出何种控制信息，完成何种动作以及做出何种应答；同步指事件实现顺序的详细说明。

（3）网络管理和网络应用软件。任何一个网络中都需要多种网络管理和网络应用软件。网络管理软件是用来对网络资源进行管理以及对网络进行维护的软件，而网络应用软件为用户提供丰富简便的应用服务，是网络用户在网络上解决实际问题的软件。

2.4.4 计算机网络的逻辑结构

计算机网络要完成数据处理和数据通信两大功能，因此它在结构上也必然分成两个组成部分：负责数据处理的计算机与终端；负责数据通信的通信控制处理机（CCP）与通信线路。从计算机网络系统组成的角度看，典型的计算机网络从逻辑功能上可以分为资源子网和通信子网两部分，如图 2.19 所示。在图 2.19 中，曲线内的部分是通信子网，其余部分是资源子网。

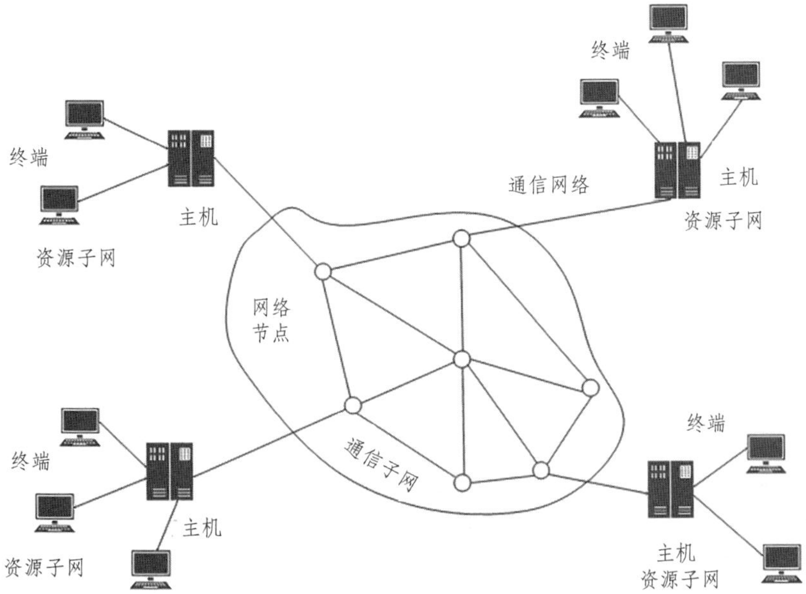

图 2.19　计算机网络的逻辑组成

1. 资源子网

资源子网提供访问网络、数据处理和分配共享资源的功能，为用户提供访问网络的操作平台和共享资源与信息。资源子网由计算机系统、存储系统、终端服务器、终端或其他数据终端设备组成，由此构成整个网络的外层。

2. 通信子网

通信子网提供网络的通信功能，专门负责计算机之间的通信控制与处理，为资源子网提供信息传输服务。通信子网由通信处理机或通信控制器、通信线路和通信设备等组成。

2.4.5 计算机网络的分类

根据不同的分类标准，可对计算机网络做出不同的分类。按照网络覆盖的地理范围分类，可将计算机网络分为局域网、城域网、广域网三种。按照网络的传输技术，可将网络分为广播式网络和点到点网络。按照传输介质不同，可将网络分为有线和无线两大类。按照结构拓扑的不同，可将网络划分为总线型、星形、环形、混合型网络等。

【思考题】

什么是计算机网络？计算机网络是如何实现设备互联的？

2.5 网络拓扑结构与介质访问控制方法

【知识目标】

（1）理解几种主要的网络拓扑结构；

（2）理解常用的介质访问控制方法。

【能力目标】

能够根据网络拓扑结构判断网络适合采用的介质访问控制方法。

【学习内容】

2.5.1 网络拓扑结构

网络拓扑结构是指网络中各个站点相互连接的形式，在局域网中明确一点讲就是文件服务器、工作站和电缆等的连接形式。现在最主要的拓扑结构有总线型拓扑、星形拓扑、环形拓扑、树形拓扑（由总线型演变而来）以及它们的混合型。

顾名思义，总线型其实就是将文件服务器和工作站都连在称为总线的一条公共电缆上，且总线两端必须有端接器。星形拓扑则是以一台设备作为中央连接点，各工作站都与它直接相连形成星形。而环形拓扑就是将所有站点彼此串行连接，像链子一样构成一个环形回路。把这三种最基本的拓扑结构混合起来运用自然就是混合型了。

网络拓扑结构是引用拓扑学中研究与大小、形状无关的点、线关系的方法，把网络中的计算机和通信设备抽象为一个点，把传输介质抽象为一条线，由点和线组成的几何图形就是计算机网络的拓扑结构。

1. 总线型拓扑结构

总线型拓扑是一种基于多点连接的拓扑结构，是将网络中的所有设备通过相应的硬件接口直接连接在共同的传输介质上，如图 2.20 所示。

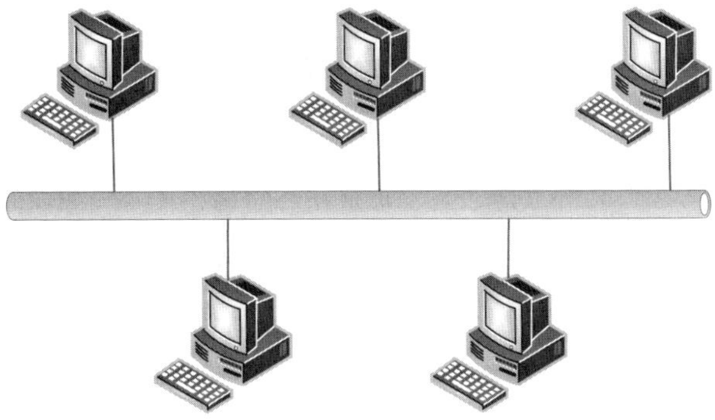

图 2.20　总线型拓扑结构

节点之间按广播方式通信，一个节点发出的信息，总线上的其他节点均可“收听”到。总线拓扑结构使用一条所有 PC 机都可访问的公共通道，每台 PC 机只要连一条线缆即可。在总线结构中，所有网上微机都通过相应的硬件接口直接连在总线上，任何一个节点的信息都可以沿着总线向两个方向传输扩散，并且能被总线中任何一个节点所接收。由于其信息向四周传播，类似于广播电台，故总线网络也被称为广播式网络。总线有一定的负载能力，因此，总线长度有一定限制，一条总线也只能连接一定数量的节点。最著名的总线拓扑结构是以太网（Ethernet）。

总线布局的特点如下：

（1）结构简单灵活，非常便于扩充；

（2）可靠性高，网络响应速度快；

（3）设备量少、价格低、安装使用方便；

（4）共享资源能力强，非常便于广播式工作，即一个节点发送所有节点都可接收。

在总线两端连接的器件称为端接器（末端阻抗匹配器或终止器），主要与总线进行阻抗匹配，最大限度吸收传送端部的能量，避免信号反射回总线产生不必要的干扰。

总线型网络结构是目前使用最广泛的结构，也是最传统的一种主流网络结构，适合于信息管理系统、办公自动化系统领域的应用。

2. 环形拓扑结构

环形网中各节点通过环路接口连在一条首尾相连的闭合环形通信线路中，就是把每台

PC机连接起来，数据沿着环依次通过每台PC机直接到达目的地，如图2.21所示。

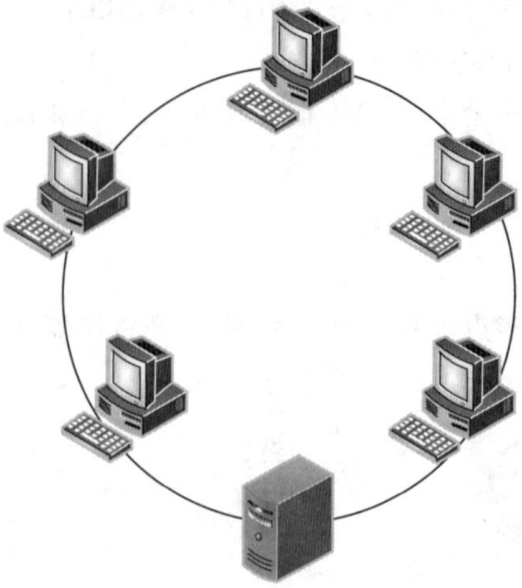

图2.21　环形拓扑结构

环路上任何节点均可以请求发送信息，请求一旦被批准，便可以向环路发送信息。环形网中的数据可以是单向传输，也可是双向传输。信息在每台设备上的延时时间是固定的。由于环线公用，一个节点发出的信息必须穿越环中所有的环路接口，信息流中目的地址与环上某节点地址相符时，信息被该节点的环路接口所接收，而后信息继续流向下一环路接口，一直流回到发送该信息的环路接口节点为止。特别适合实时控制的局域网系统。在环形结构中每台PC机都与另两台PC机相连，每台PC机的接口适配器必须接收数据再传往另一台。因为两台PC机之间都有电缆，所以能获得好的性能。最著名的环形拓扑结构网络是令牌环网（Token Ring）。

3. 星形拓扑结构

星形拓扑结构是一种以中央节点为中心，把若干外围节点连接起来的辐射式互联结构，如图2.22所示。

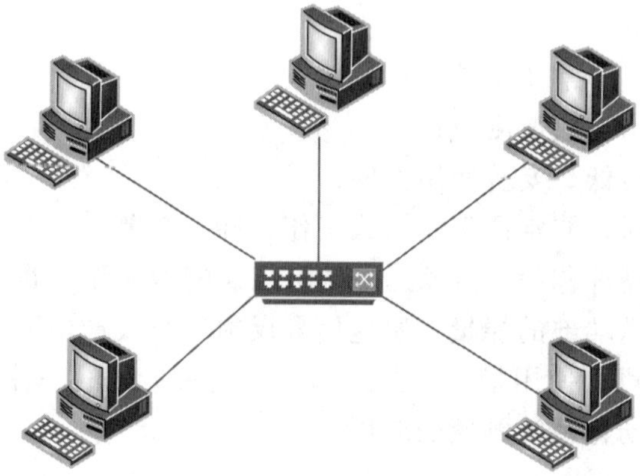

图2.22　星形拓扑结构

各节点与中央节点通过点与点方式连接，中央节点执行集中式通信控制策略，因此中央节点相当复杂，负担也重。这种结构适用于局域网，特别是近年来连接的局域网大都采用这种连接方式。这种连接方式以双绞线或同轴电缆作连接线路。在中心放一台中心计算机，每个臂的端点放置一台 PC 机，所有的数据包及报文通过中心计算机来通信，除了中心机外，每台 PC 机仅有一条连接，这种结构需要大量的电缆，星形拓扑可以看成一层的树形结构，不需要多层 PC 机的访问权争用。星形拓扑结构在网络布线中较为常见。

以星形拓扑结构组网，其中任何两个站点要进行通信都要经过中央节点控制。中央节点的主要功能如下：

（1）为需要通信的设备建立物理连接；

（2）为两台设备通信过程中维持这一通路；

（3）在完成通信或不成功时，拆除通道。

在文件服务器/工作站（File Servers/Workstation）局域网模式中，中心点为文件服务器，存放共享资源。由于这种拓扑结构，中心点与多台工作站相连，为便于集中连线，目前多采用集线器（HUB）。

4. 树形拓扑结构

树形拓扑结构在单个局域网系统中采用不多，如果把多个总线形或星形网连在一起，或连到另一个大型机或一个环形网上，就形成了树形拓扑结构，这在实际应用环境中是非常需要的。树形拓扑结构如图 2.23 所示。

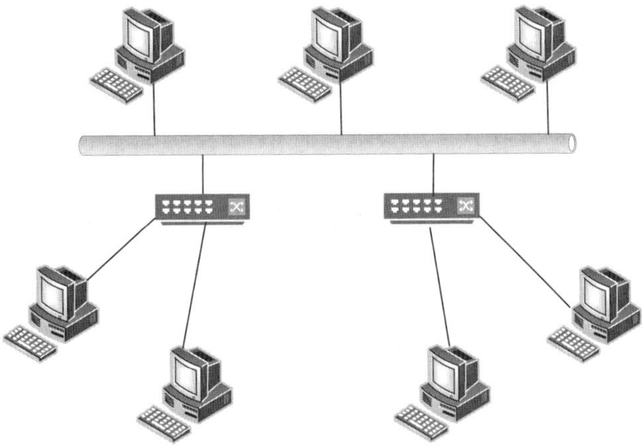

图 2.23　树形拓扑结构

树形拓扑结构是一种混合型拓扑结构，树形结构非常适合于分主次、分等级的层次型管理系统。树形拓扑的适应性很强，可适用于很宽的范围，如对网络设备的数量、数据率和数据类型等没有太多限制，可达到很高的带宽。

混合型拓扑结构的特点如下：

（1）优点是容易扩展，易对故障进行分离，可靠性高；

（2）缺点是整个网络对根的依赖性大，一旦网络的根发生故障，网络系统就不能正常工作。

2.5.2 介质访问控制方法

介质访问控制方式，也就是信道访问控制方法，可以简单地把它理解为如何控制网络节点何时发送数据、如何传输数据以及怎样在介质上接收数据。常用的介质访问控制方法有：带冲突检测的载波监听多路访问控制（CSMA/CD）法、令牌环访问控制（Token Ring）法和令牌总线访问控制（Token Bus）法。

网络拓扑结构与介质访问控制方法紧密相关，确定了拓扑结构，就相应地确定了介质访问控制方法。例如，对于总线结构，主要采用载波监听多路访问控制法，也可采用令牌总线访问控制法；对于环形结构，则主要采用令牌环访问控制法。

1. 带冲突检测的载波监听多路访问控制法

带冲突检测的载波监听多路访问控制（CSMA/CD）法起源于美国夏威夷大学的 ALOHA（世界上最早的无线电计算机通信网）广播分组网，最初采用的“纯 ALOHA”或“无间隙 ALOHA”方法。CSMA/CD 访问方式大多用于总线结构的局域网络。

（1）工作原理

在此种访问方式下，网络中的所有用户共享传输介质，信息通过广播传送到所有端口，网络中的工作站对接收到的信息进行确认，若是发给自己的便接收，否则不理。从发送端情况看，当一个工作站有数据要发送时，它首先监听信道并检测网络上是否有其他的工作站正在发送数据，如果检测到信道忙，工作站将继续等待，若发现信道空闲，则开始发送数据，信息发送出去后，发送端还要继续对发送出去的信息进行确认，以了解接收端是否已经正确接收到数据，如果收到则发送结束，否则再次发送。

（2）工作过程

第 1 步：先侦听信道，如果信道空闲则发送信息；否则转到第 2 步。

第 2 步：如果媒体信道忙（有载波），则继续对信道进行侦听。一旦发现空闲，就进行发送。

第 3 步：发送信息后进行冲突检测，如发生冲突，立即停止发送，并向总线上发出一串干扰信号（连续几个字节全 1），通知总线上各站点冲突已发生，使各站点重新开始侦听与竞争。

第 4 步：已发出信息的各站点收到阻塞信号后，等待一段随机时间，重新进入侦听发送阶段。转到第 1 步。

CSMA/CD 操作的流程图归结为：先听后发；边发边听；冲突时退避；随机延时后重发。

CSMA/CD 的操作流程如图 2.24 所示。

CSMA 的忙等待机制如下。

当媒体忙时，站点有 3 种坚持策略：

（1）不坚持 CSMA。

若媒体空闲就传输；否则转到第 2 步。若媒体忙，等待一段随机的重传延迟时间，重复第 1 步。

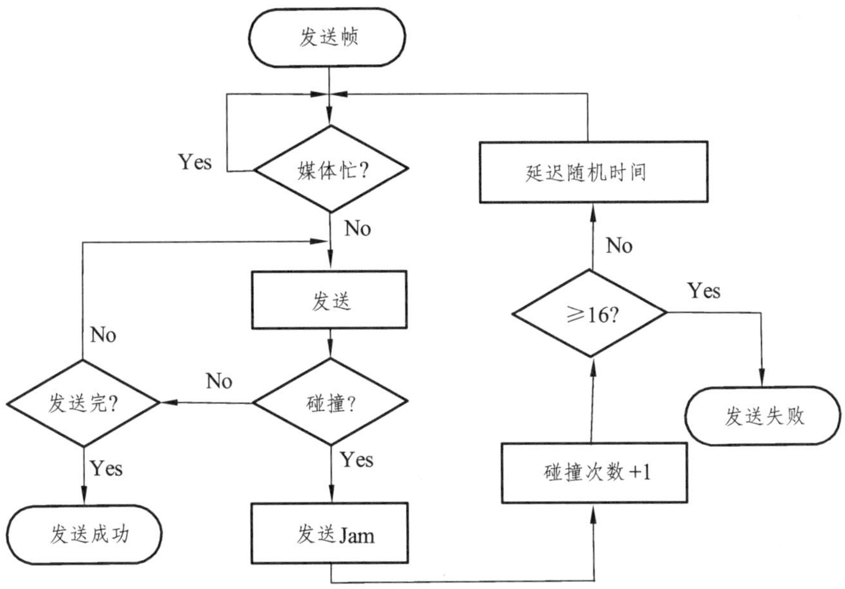

图 2.24　CSMA/CD 的操作流程

（2）1-坚持 CSMA 协议。

若媒体空闲就传输；否则转到第 2 步。若媒体忙则继续监听，直到检测到信道空闲然后立即传输。如果有冲突，则等待一段随机的时间后重复第 1 步。

（3）*P*-坚持协议。

若媒体空闲，以概率 *P* 传输，以概率（1−*P*）延迟一个时间单位（该时间单位通常等于最大传播延迟的两倍）。若媒体忙，继续监听直到信道空闲并重复第 1 步。若传输延迟了一个时间单位，则重复第 1 步。

P-坚持要避免的主要问题是在重负荷下的不稳定，总共有 N 个站点，如果这些站点都有帧要传输，为了避免冲突，显然应该满足 $NP<1$，即 $P<1/N$，但是这样的概率 P 在轻负荷下时会出现大部分信道时间被浪费掉的情况。

2. 令牌环访问控制方法

令牌环访问控制技术最早于 1969 年在贝尔实验室研制的 Newhall 环上采用，1971 年提出了分槽环，对应标准 IEEE 802.5。

令牌环访问控制方式适用于环形网络的分布式介质访问控制方式，采用单个令牌（或双令牌）的令牌传递方法。

令牌环技术是在环路上设置一个令牌，是一种特殊的比特格式。当所有的站点都空闲时，令牌就不停地在环网上转。当某一个站点要发送信息时，它必须在令牌经过它时获取令牌（注意：此时经过的令牌必须是一个空令牌），并把这个空令牌设置成满令牌，然后开始发送信包。这时环上没有了令牌，其他站点想发送信息则必须等待。要发送的信息随同令牌在环上单向运行，当信息包经过目标站时，目标站根据信息包中的目的地址判断出自己是接收站，就把该信息复制到自己的接收缓冲区，信息包继续在环上运行，回到发送站，并被发送站从环上卸载下来。发送站将回来的信息与原来的信息比较，没有出错，则信息发送完毕。与此同时，发送站向环上插入一个新的空令牌，其他要发送信息的站点就可获得它并传输数据。令牌环的工作原理如图 2.25 所示。

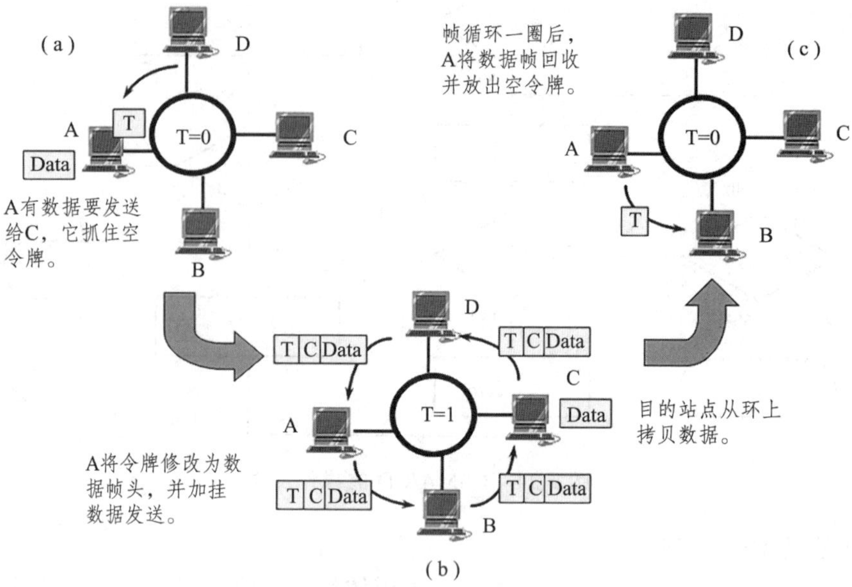

图 2.25　令牌环的工作原理

令牌：也称通行证，具有特殊的格式和标记，有“忙（Busy）”和“空闲（Free）”两种状态。

（1）IEEE 802.5 介质访问控制原理

① 帧发送。沿环传递令牌的方法实现对介质的访问控制，取得令牌的站点具有发送一个数据帧或一系列数据帧的机会。

② 帧接收。若接收到信息帧，查看目的地址如果符合接收站点的地址，则将信息复制到接收缓冲区中。

③ 令牌释放的过程。发送站完成数据帧发送后，等待数据帧的返回。数据帧返回后，释放令牌。

（2）令牌释放的两种情况

① 工作站发送完最后一个数据位时，便将令牌传递出去，称为早期释放。

② 原发送站回收了帧的最后一位时，产生令牌，传递给下游工作站。

（3）令牌环的维护

令牌环的故障：

① 令牌丢失；

② 数据帧无法撤销。

解决办法：指定主动令牌管理站。

（4）主动令牌管理站的作用

① 利用超时机制检测令牌丢失情况：该超时值比最长帧遍历环路所需的时间还长，如果该时段内没有检测到令牌，认为令牌丢失，管理站清除环路数据碎片，发出一个令牌。

② 清除残余数据：任何一个数据帧经过管理站时，管理站将该帧上监控位由 0 置 1；如果管理站检测到一个经过的数据帧监控位已经为 1，则有站点未能清除发出的数据帧，管理站清除残余数据，发出一个令牌。

（5）令牌环网的主要技术特性

① 传输速率 4 Mb/s 或 16 Mb/s；

② 传输介质 UTP（非屏蔽双绞线）或 STP（屏蔽双绞线）；

③ 拓扑结构：环形结构；

④ 介质访问方式：802.5 Token Passing Ring；

⑤ 多站访问单元（MAU）连接线缆最大长度：45 m；

⑥ 最大节点数：96 个（4 Mb/s）、256 个（16 Mb/s）；

⑦ MAU 与 MAU 最大间距：45 m。

（6）令牌环网的组成部件

① 网卡；② 多站访问单元（MAU）；③ 传输介质；④ 连接附件。

（7）令牌环的特点

① 在轻负荷时，效率较低；

② 在重负荷时，令牌以“循环”方式工作，效率较高；

③ 具有广播特性；

④ 需要对令牌进行维护。

3. 令牌总线访问控制方法

令牌总线是一种在总线拓扑结构中利用“令牌”（token）作为控制节点访问公共传输介质的确定型介质访问控制方法。在采用令牌总线方法的局域网中，任何一个节点只有在取得令牌后才能使用共享总线去发送数据。

（1）令牌总线网的产生

总线型网络结构简单，在站点数量少时，传输速度快；由于采用 CSMA/CD 控制策略，以竞争方式随机访问传输介质，肯定会有冲突发生，一旦发生冲突就必须重新发送信息包；当站点超过一定数量时，网络的性能会急剧下降。

在令牌环网中，无论节点数多少，都需等待令牌空闲时才能进行通信；由于采取按位转发方式及对令牌的控制，监视占用部分时间，因此节点数少时，传输速度低于总线型网络。综合两者的优点，在物理总线结构中实现令牌传递控制方法，构成逻辑环路，这就是 IEEE 802.4 的令牌总线介质访问控制技术。因此，令牌总线网在物理上是一个总线网，采用同轴电缆或光纤的传输介质；在逻辑上是一个环网，采用令牌来决定信息的发送。

（2）令牌总线的工作原理

在令牌总线网中所有站点都按次序分配几个逻辑地址，每个工作站点都知道在其之前（前驱）和在其之后的站点（后继）标识，第一个站点的前驱是最后一个站点的标识，而且物理上的位置与其逻辑地址无关，其工作原理如图 2.26 所示。

一个叫作令牌的控制帧规定了访问的权利。总线上的每一个工作站如有数据要发送，必须要在得到令牌以后才能发送，即拥有令牌的站点才被允许在指定的一段时间里访问传输介质。当该站发送完信息，或是时间用完时，就将令牌交给逻辑位置上紧接在它后面的那个站点，那个站点由此得到允许数据发送权。这样既保证了发送信息过程中不发生冲突，又确保了每个站点都有公平访问权。

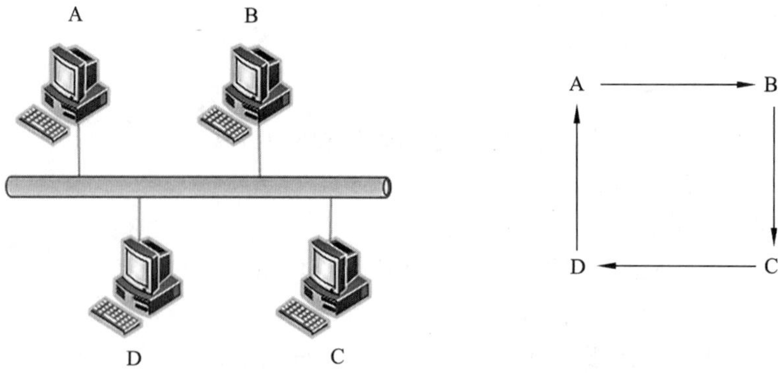

图 2.26 令牌总线的工作原理

【思考题】

令牌总线访问控制方法适用的场景是什么？

2.6 网络传输硬件设备

【知识目标】

（1）掌握常用的传输介质；

（2）理解网络连接设备的应用。

【能力目标】

能够根据网络连接情况选用合适的网络连接设备。

【学习内容】

2.6.1 网络传输介质

网络传输介质是指在网络中传输信息的载体，常用的传输介质分为有线传输介质和无线传输介质两大类。传输介质的分类如图 2.27 所示。

1. 有线传输介质

有线传输介质是指在两个通信设备之间实现的物理连接部分，它能将信号从一方传输到另一方，有线传输介质主要有双绞线、同轴电缆和光纤。双绞线和同轴电缆传输电信号，光纤传输光信号。

（1）双绞线

双绞线（Twisted Pair）是由两条相互绝缘的导线按照一定的规格互相缠绕（一般以逆

时针缠绕）在一起而制成的一种通用配线，属于信息通信网络传输介质。双绞线过去主要是用来传输模拟信号的，但现在同样适用于数字信号的传输。双绞线是综合布线工程中最常用的一种传输介质。

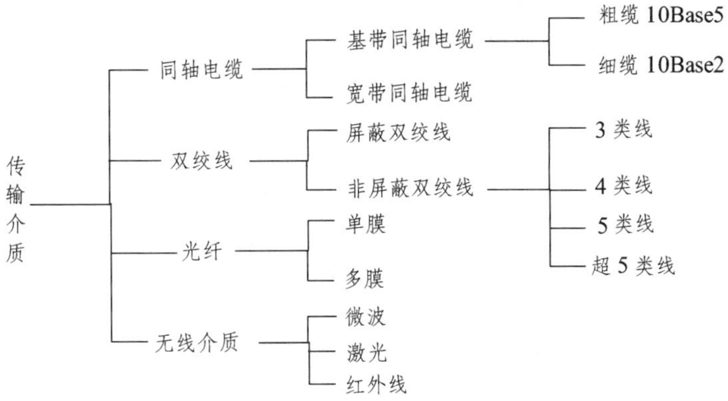

图 2.27　传输介质的分类

双绞线是由一对相互绝缘的金属导线绞合而成。采用这种方式，不仅可以抵御一部分来自外界的电磁波干扰，而且可以降低自身信号的对外干扰。把两根绝缘的铜导线按一定密度互相绞在一起，一根导线在传输中辐射的电波会被另一根线上发出的电波抵消。“双绞线”的名字也是由此而来。

双绞线一般由两根 22 ~ 26 号绝缘铜导线相互缠绕而成，实际使用时，双绞线是由多对双绞线一起包在一个绝缘电缆套管里的。典型的双绞线有 4 对的，也有更多对双绞线放在一个电缆套管里的，这些称之为双绞线电缆。在双绞线电缆（也称双扭线电缆）内，不同线对具有不同的扭绞长度，一般来说，扭绞长度为 3.81 ~ 14 cm，按逆时针方向扭绞。相邻线对的扭绞长度在 1.27 cm 以上时，一般是扭线越密其抗干扰能力就越强，与其他传输介质相比，双绞线在传输距离、信道宽度和数据传输速率等方面均受到一定限制，但价格较为低廉。

双绞线分为屏蔽双绞线（Shielded Twisted Pair，STP）与非屏蔽双绞线（Unshielded Twisted Pair，UTP），如图 2.28、图 2.29 所示。

图 2.28　屏蔽双绞线

图 2.29　非屏蔽双绞线

屏蔽双绞线在双绞线与外层绝缘封套之间有一个金属屏蔽层。屏蔽层可减少辐射，防止信息被窃听，也可阻止外部电磁干扰的进入，使屏蔽双绞线比同类的非屏蔽双绞线具有更高的传输速率。

非屏蔽双绞线是一种数据传输线，由 4 对不同颜色的传输线所组成，广泛用于以太网路和电话线中。非屏蔽双绞线电缆最早在 1881 年被用于贝尔发明的电话系统中。

双绞线根据电气性能不同有多种不同的质量级别，最常用的是 3、5、6 类线，如表 2.1 所示。

表 2.1　双绞线的类别

类　别	带　宽	速　率	应　用
1 类	750 kHz		20 世纪 80 年代初之前的电话线缆，用于报警系统，或只适用于语音传输
2 类	1 MHz	4 Mb/s	使用 4 Mb/s 规范令牌传递协议的旧的令牌网，用于语音传输和最高传输速率为 4 Mb/s 的数据传输
3 类	16 MHz	10 Mb/s	主要应用于语音、10 Mb/s 以太网和 4 Mb/s 令牌环，采用 RJ 形式的连接器，目前已淡出市场
4 类	20 MHz		用于语音传输和最高传输速率为 16 Mb/s（令牌环）的数据传输，用于基于令牌的局域网
5 类	100 MHz	100 Mb/s	用于语音传输和最高传输速率为 100 Mb/s 的数据传输，采用 RJ 形式的连接器，这是最常用的以太网介质
超 5 类			衰减小，串扰少，更小的时延误差，主要用于千兆位以太网（1 000 Mb/s）
6 类	1 ~ 250 MHz		最适用于传输速率高于 1 Gb/s 的应用
超 6 类	500 MHz		
7 类	600 MHz		可能用于今后的 10 Gb/s 以太网

双绞线的特性如下：

① 物理特性：由螺旋排列的 2 对或者 4 对绝缘线组成。双绞线芯一般是铜质的，能提供良好的传导率。

② 传输特性：可用于传输模拟信号，也可用于传输数字信号。如在电话线上传输的 ADSL（非对称数字用户线路）数据信号传输速率就可达到 8 Mb/s，而在专门的局域网双绞线中，目前最高的传输速率可达 1 000 Mb/s。

③ 连通性：双绞线普遍用于点到点的连接，也可以用于多点连接。

④ 地域范围：最大可达 15 km。在 10 Mb/s 和 100 Mb/s 传输速率的局域网中与集线器的距离均不超过 100 m。

⑤ 抗干扰性：在低频传输时，双绞线的抗干扰性相当于同轴电缆，但在超过 10 ~ 100 kHz 时，同轴电缆就明显比双绞线优越。

⑥ 相对价格：价格低廉。

（2）同轴电缆

同轴电缆由里到外分为 4 层：中心铜线（单股的实心线或多股绞合线）、塑料绝缘体、网状导电层和电线外皮。中心铜线和网状导电层形成电流回路。因为中心铜线和网状导电层为同轴关系而得名，如图 2.30 所示。

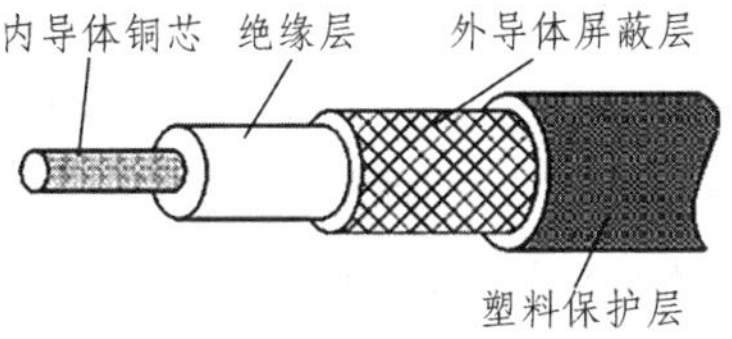

图 2.30　同轴电缆

同轴电缆从用途（传输频带）上可分为基带同轴电缆和宽带同轴电缆（即网络同轴电缆和视频同轴电缆）。基带电缆又分为细同轴电缆和粗同轴电缆。基带同轴电缆仅用于数字传输，数据传输速率可达 10 Mb/s。

基带同轴电缆仅用于数字传输，阻抗为 50 Ω，使用曼彻斯特编码，数据传输速率可达 10 Mb/s。基带同轴电缆被广泛应用于局域网中，为保持同轴电缆的电气特性，电缆必须接地，同时两头要有端接器来削弱信号的反射。

宽带同轴电缆可用于模拟信号和数字信号的传输，阻抗为 75 Ω，主要用于有线电视系统通信。

基带同轴电缆的最大距离限制在几千米，而宽带同轴电缆最大距离可以达几十千米。同轴电缆的抗干扰能力比双绞线强，价格比双绞线贵，比光纤便宜。

（3）光纤

光纤是光导纤维的简写，是一种利用光在玻璃或塑料制成的纤维中的全反射原理而制成的光传导工具。前香港中文大学校长高锟和 George A. Hockham 首先提出光纤可以用于通信传输的设想，高锟因此获得 2009 年诺贝尔物理学奖。

微细的光纤封装在塑料护套中，使得它能够弯曲而不至于断裂，如图 2.31 所示。通常，光纤的一端发射装置使用发光二极管（Light Emitting Diode，LED）或一束激光将光脉冲传送至光纤，光纤的另一端的接收装置使用光敏元件检测脉冲。在日常生活中，由于光在光纤的传导损耗比电在电线传导的损耗低得多，光纤被用作长距离的信息传递。

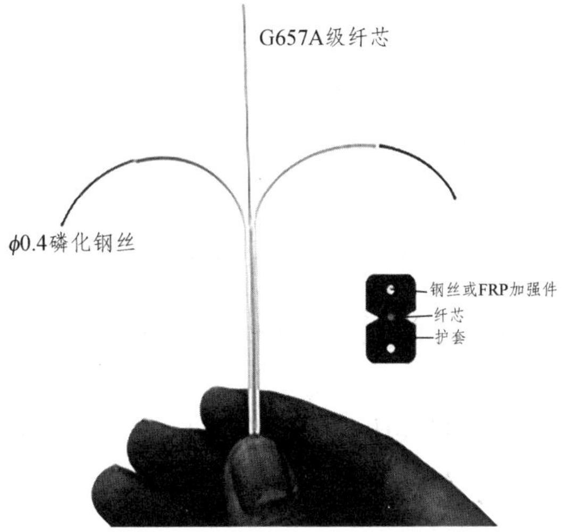

图 2.31　光纤

按光在光纤中的传输模式划分，光纤可分为多模光纤和单模光纤两种。

当光纤的直径较大或远大于光波波长时，光将从不同的位置，以各种不同的角度进入媒体，光在光纤中会以几十种乃至几百种传播模式进行传播。有些光线基本上沿着媒体的中线传播，有些光线则以不同的角度撞击边界面，结果是光将以有限的角度在边界面之间来回反弹沿着传输媒体向前传播。每一个角度都定义了一条路径或一种模式，以这种方式传输光波的光纤称为多模光纤（Multi Mode Fiber），如图 2.32 所示。

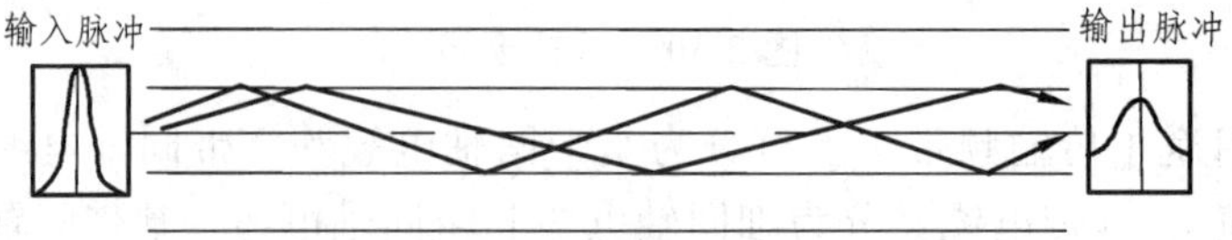

图 2.32　多模光纤

当光纤的直径小到与光波长在同一数量级，这时光以平行于光纤中的轴线的形式直线传播，这样的光纤称为单模光纤（Single Mode Fiber），如图 2.33 所示。

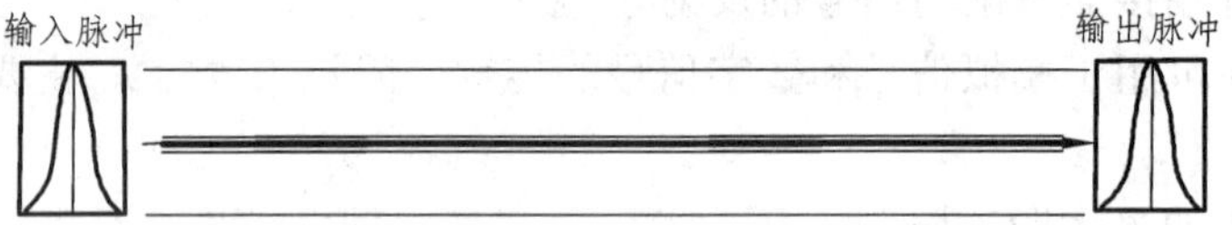

图 2.33　单模光纤

光纤的特性：

① 物理特性：由能传导光波的介质组成。

② 传输特性：可见光的频率达 100 000 GHz，尽管由于光纤对不同频率的光有不同的损耗，使频带宽度受到影响，但在最低损耗区的频带宽度也可达 30 000 GHz。目前，单个光源的带宽只占了其中很小的一部分（多模光纤的频带为几百兆赫兹，目前单模光纤可达 20 GHz 以上），采用先进的相干光通信可以在 30 000 GHz 范围内安排 2 000 个光载波，进行波分复用，可以容纳上百万个频道。

③ 连通性：支持点点连接，试验中有多点连接。

④ 地域范围：6 ~ 8 km 内不需要中继器。

⑤ 抗干扰性：抗干扰能力强，误码率极低。

⑥ 相对价格：随着技术的发展和光纤的大范围应用，价格不断降低。

2. 无线传输介质

可以在自由空间利用电磁波发送和接收信号进行通信称为无线传输。地球上的大气层为大部分无线传输提供了物理通道，就是常说的无线传输介质。

无线通信的方法有无线电波、微波、蓝牙和红外线等。

（1）无线电波

波长大于 1 mm、频率小于 300 GHz 的电磁波是无线电波。无线电波是一种能量的传播形式，电场和磁场在空间中是相互垂直的，并都垂直于传播方向，在真空中的传播速度等于光速（300 000 km/s）。

无线电波是指在自由空间（包括空气和真空）传播的射频频段的电磁波。无线电技术是通过无线电波传播声音或其他信号的技术。无线电技术的原理在于，导体中电流强弱的改变会产生无线电波。利用这一现象，通过调制可将信息加载于无线电波之上。当电波通过空间传播到达收信端，电波引起的电磁场变化又会在导体中产生电流。通过解调将信息从电流变化中提取出来，就达到了信息传递的目的。无线电波的传播途径如图 2.34 所示。

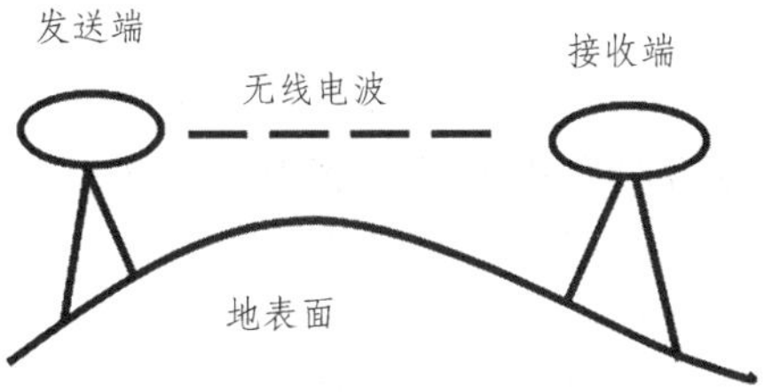

图 2.34　无线电波的传播

（2）红外线

红外线（Infrared）是波长介于微波与可见光之间的电磁波，其波长为 760 nm ~ 1 mm，是波长比红光长的非可见光。所有高于绝对零度（-273.15 °C）的物质都可以产生红外线，现代物理学称之为热射线。

优点：制造工艺简单，价格便宜。

缺点：传输距离有限，一般只限于室内通信，而且不能穿透坚实的物体（如砖墙等）。

（3）激光

除光纤是可以用光进行信息的传输外，激光（Laser）束也可以用于在空中传输数据。激光与微波通信一样至少要有两个激光站，每个站点都拥有发送信息和接收信息的能力。激光设备通常安装在固定位置上，通常安装在高山上的铁塔上，并且与天线相互对应。激光束能在很长的距离上得以聚焦，因此激光的传输距离很远，能传输几十千米，与微波一样，激光束也是沿直线传播的，激光束不能穿过建筑物和山脉，但可以穿透云层。激光示意如图 2.35 所示。

图 2.35　激光

2.6.2　网络连接设备

网络连接设备是把网络中的通信线路连接起来的各种设备的总称，这些设备包括中继器、集线器、交换机和路由器等。

1. 物理层连接设备

（1）调制解调器

调制解调器（Modem），是通过普通电话线连接网络的小型设备，是一种最便宜的网络之间的互联设备。它所连接的网络传输速度通常较慢、性能极低。调制解调器通常被用来连接局域网及其远程工作站。

为了利用电话交换网实现计算机之间的数字信号传输，必须将数字信号转换成模拟信号。为此，需要在发送端选取音频范围的某一频率的正（余）弦模拟信号作为载波，用它运载所要传输的数字信号，通过电话信道将其送至另一端；在接收端再将数字信号从载波上提取出来，恢复为原来的信号波形。这种利用模拟信道实现数字信号传输的方法称为“频带传输”。完成调制和解调功能的设备称为“调制解调器”（Modem）。

调制解调器的种类很多，型号各异。对于个人用户来说，在选择调制解调器时，主要涉及两方面的问题：款式和速率。

① 局域网之间使用调制解调器连接时的主要优点：

a. 使用普通电话线，硬件等投资和维护费用低。

b. 易于安装和维护。

c. 拥有成熟的标准和众多的厂商。

② 局域网之间使用调制解调器连接时的主要缺点：

a. 传输数据的速度慢。

b. 性能低。

调制解调器应用示意如图 2.36 所示。

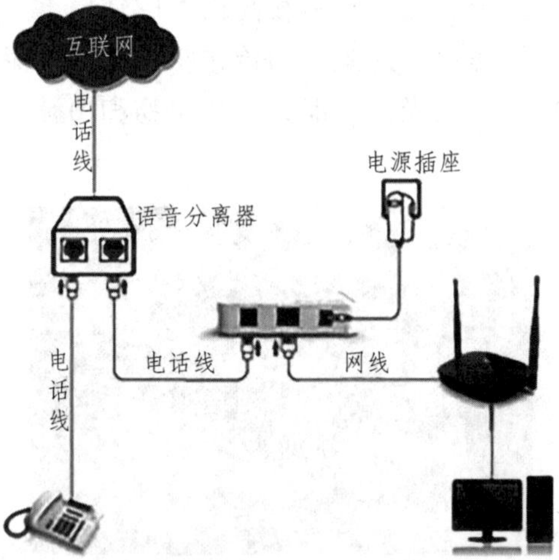

图 2.36　调制解调器应用示意

（2）中继器与集线器

中继器与集线器是 OSI 模型（开放式系统互联通信参考模型）中物理层的设备，它可以将局域网的一个网段和另一个网段连接起来，主要用于局域网—局域网的互联，起到信号放大和延长信号传输距离的作用。

中继器是用来放大模拟信号或数字信号的网络连接设备，它将接收到的信号进行放大，保持与原来的数据相同并且转发经过放大的信号，但中继器在放大信号的同时也将噪声放大了，中继器没有信号纠错的功能。中继器仅作用于物理层，只具有简单放大、再生物理信号的功能。所以它只能连接完全相同的局域网，其目的是延长网络的长度。中继器可以连接相同传输介质的同类局域网，也可以连接不同传输介质的同类局域网。中继器在物理层实现互联，它支持数据链路层及以上各层的任何协议。中继器应用示意如图 2.37 所示。

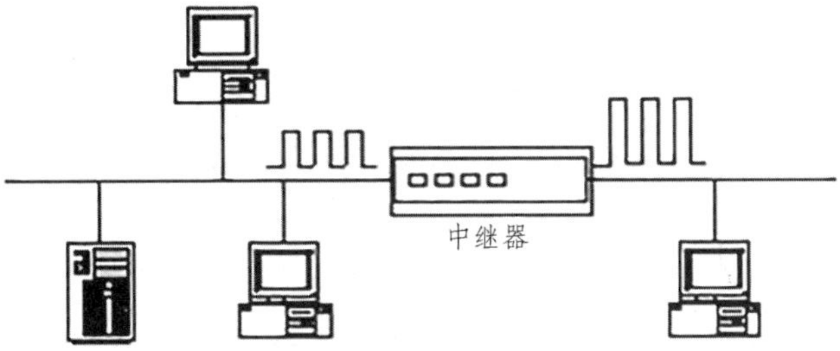

图 2.37　中继器应用示意

集线器（Hub）的主要功能是对接收到的信号进行再生整形放大，以扩大网络的传输距离，同时把所有节点集中在以它为中心的节点上。集线器属于纯硬件网络底层设备，基本上不具有类似于交换机的“智能记忆”能力和“学习”能力。它也不具备交换机所具有的 MAC（介质访问控制）地址表，所以它发送数据时都是没有针对性的，而是采用广播方式发送。也就是说，当它要向某节点发送数据时，不是直接把数据发送到目的节点，而是把数据包发送到与集线器相连的所有节点，如图 2.38 所示。

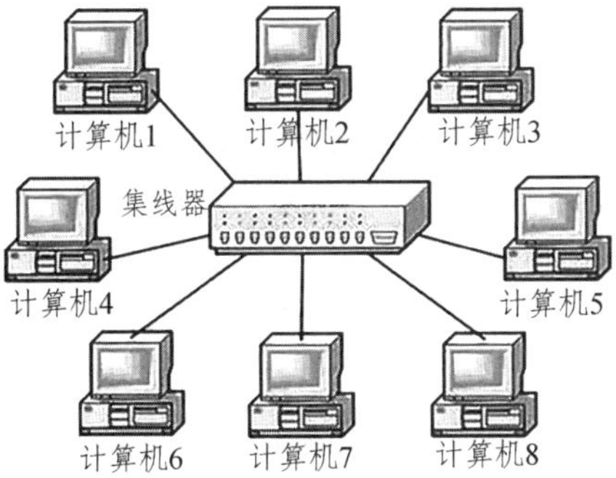

图 2.38　集线器应用示意

2. 数据链路层连接设备

（1）网桥

网桥（bridge）又称桥接器，是一种存储转发设备，在网络互联中起到数据接收、地址过滤与数据转发的作用，用来实现多个网络系统之间的数据交换。网桥主要用于局域网—局域网互联，它是工作在 OSI 模型中数据链路层 MAC 子层的连接设备。网桥的每个端口连接一个局域网网段，常用于将共享带宽的计算机节点数较多的局域网分为两个局域网网段，以便减少计算机在网络中传输数据时可能发生的冲突。网桥可以将两个独立的物理网络连接在一起，构成一个单个的逻辑局域网。

网桥的工作原理：网桥接收一个整帧，然后分析进入的帧，并基于包含在帧中的信息，根据帧的目的地址（MAC 地址）段，来决定是删除这个帧还是转发这个帧。如果目的站点和发送站点在同一个局域网，网桥则将帧删除，如果不在同一个局域网，网桥则进行路径选择，并按照指定的路径将帧转发给目的局域网。网桥应用示意如图 2.39 所示。

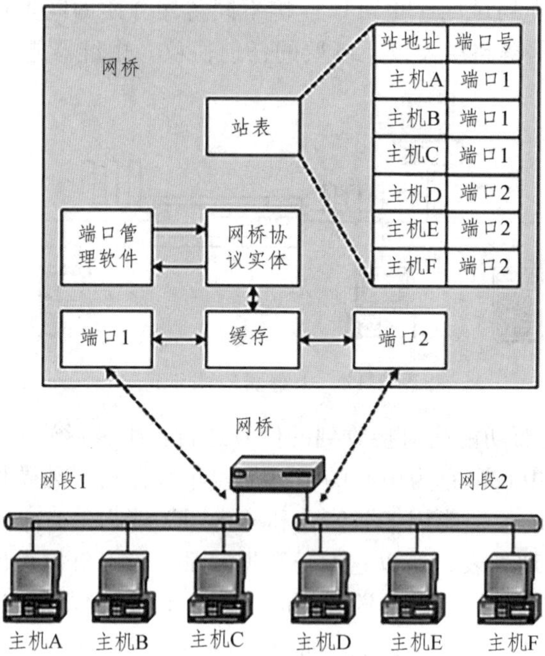

图 2.39　网桥应用示意

（2）交换机

交换机（Switch）是一种用于电信号转发的网络设备。它可以为接入交换机的任意两个网络节点提供独享的电信号通路。最常见的交换机是以太网交换机。其他常见的还有电话语音交换机、光纤交换机等。

交换（Switching）是按照通信两端传输信息的需要，用人工或设备自动完成的方法，把要传输的信息送到符合要求的相应路由上的技术的统称。交换机根据工作位置的不同，可以分为广域网交换机和局域网交换机。广域网交换机就是一种在通信系统中完成信息交换功能的设备，它应用在数据链路层。交换机有多个端口，每个端口都具有桥接功能，可以连接一个局域网或一台高性能服务器或工作站。实际上，交换机有时被称为多端口网桥。交换机应用示意如图 2.40 所示。

（3）网卡

计算机与外界局域网的连接是通过主机箱内插入一块网络接口板（或者是在笔记本式计算机中插入一块 PCMCIA 卡）。网络接口板又称为通信适配器、网络适配器（Network Adapter）或网络接口卡（Network Interface Card，NIC），但是现在更多的人愿意使用更为简单的名称：“网卡”。

网卡是工作在链路层的网络组件，是局域网中连接计算机和传输介质的接口，不仅能实现与局域网传输介质之间的物理连接和电信号匹配，还涉及帧的发送与接收、帧的封装与拆封、介质访问控制、数据的编码与解码以及数据缓存的功能等。

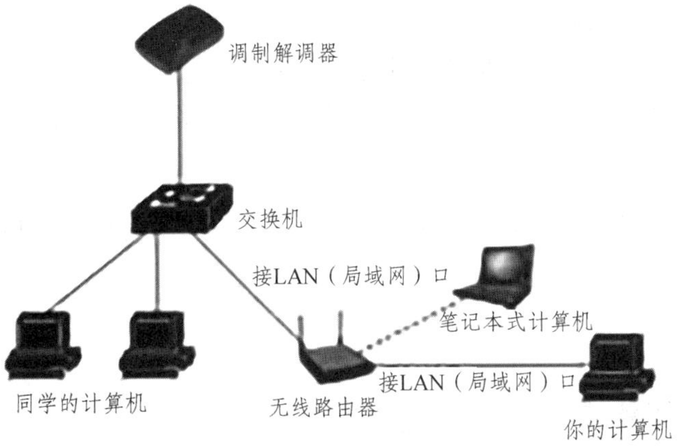

图 2.40　交换机应用示意

3. 网络层连接设备

路由器是局域网与广域网互联的设备。路由器工作在 OSI 模型的第三层（网络层）。由于它比网桥工作在更高一层，所以路由器的功能比网桥更强。它除了具有网桥的全部功能外，还具有路径选择功能。

当要求通信的工作站分别处于两个以上的局域网，且两个工作站之间存在多条通路时，路由器可根据当时网络上的信息拥挤程度而自动地选择传输效率比较高的路径。因此，如果某条通信通路不能工作时，路由器可以自行选择其他可用通道传递信息。路由器应用示意如图 2.41 所示。

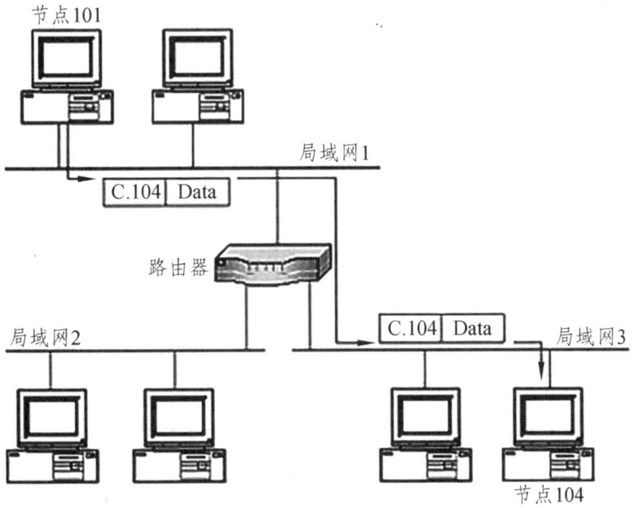

图 2.41　路由器应用示意

4. 应用层连接设备

网关一般是指用以连接异构网（通常指异种网络操作系统）的软件，而不是指它的物理设备。一般 PC 机、工作站或小型机都可以作为网关的硬件平台。当两个完全不同的网络（即不仅硬件不同，整体结构、数据类型和通信协议也可以完全不同）连接时，通常使用网关。

用中继器、网桥、交换机或路由器连接网络时，对连接双方的高层协议都有所规定，相同时才能连接，而网关则容许使用不同的高层协议，它为互联网络双方的高层提供了协议的转换功能，所以网关又称为“协议转换器”，其作用像一个“翻译”。

【思考题】

当上下两级网络的协议一样且需要信号放大时，应选用何种网络连接设备来连接两种网络？

2.7 串行通信接口

【知识目标】

理解 RS-232C 的电气特性、机械特性、功能特性及规程特性。

【能力目标】

能够描述 RS-232C 的电气特性、机械特性、功能特性及规程特性。

【学习内容】

为了实现不同厂商生产的计算机和各种外部设备之间进行串行通信，国际上制定了一些串行接口标准，常见的有 RS-232C 接口、RS-422A 接口、RS-485 接口。目前使用最普遍的是美国电子工业协会（EIA）颁布的 RS-232C 接口标准。它是目前数据通信中使用最早、应用最广的一种异步串行通信标准。

RS-232 接口标准最早是 1962 年制定的，RS 表示 EIA 的一种“推荐标准”，232 为编号；1969 年修订为 RS-232C 接口标准，C 是 RS-232 接口标准以后的第三个修订版本；1987 年 1 月，修订为 EIA-232-D；1991 年又修订为 EIA-232-E。

由于标准修改得并不多，所以 EIA-232-D 和 EIA-232-C 在物理接口标准中基本成为等同的标准，人们经常简称它们为“RS-232 标准”。

标准规定了数据终端设备（DTE）和数据通信设备（DCE）间串行通信接口的电气特性、机械特性、功能特性及规程特性。RS-232C 总线在通信系统中的应用如图 2.42 所示。

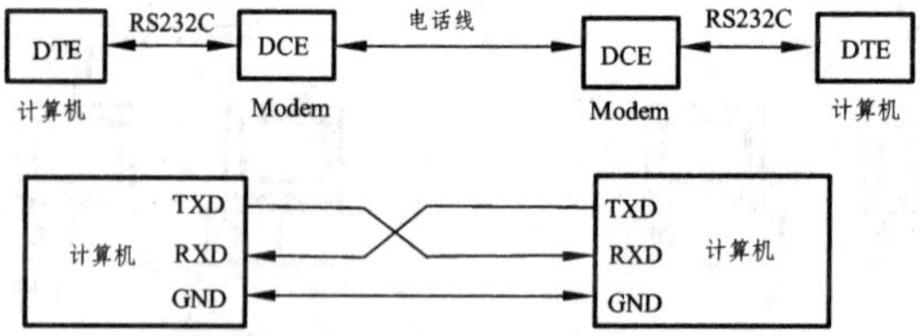

图 2.42　RS-232 总线的应用

2.7.1　RS-232C 的电气特性

物理层的电气特性规定了在物理连接上传输：进制比特流时线路上信号电平高低、阻抗及阻抗匹配、传输速率与距离限制。早期的标准定义了物理连接边界点上的电气特性，而较新的标准定义了发送器和接收器的电气特性，同时给出了互联电缆的有关规定。新的标准更有利于发送和接收电路的集成化工作。

EIA-RS-232C 对电器特性做了如下规定：

在 TxD 和 RxD 引脚上：

逻辑 1（MARK）=−3 ~ −15 V；

逻辑 0（SPACE）=+3 ~ +15 V。

在 RTS、CTS、DSR、DTR 和 DCD 等控制引脚上：

信号有效（接通，ON 状态，正电压）=+3 ~ +15 V；

信号无效（断开，OFF 状态，负电压）=−3 ~ −15 V。

RS-232C 采用负逻辑规定逻辑电平，信号电平与通常的 TTL（晶体管-晶体管逻辑电平）电平也不兼容。因此，为了能够同计算机接口或终端的 TTL 器件连接，必须在 RS-232C 与 TTL 电路之间进行电平和逻辑关系的变换，如图 2.43 所示。目前较为广泛地使用集成电路转换器件，如 MC1488、SN75150 芯片可完成 TTL 电平到 EIA 电平的转换，而 MC1489、SN75154 可实现 EIA 电平到 TTL 电平的转换。

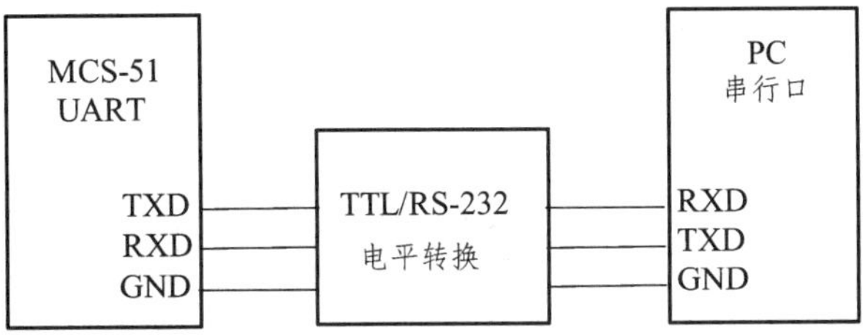

图 2.43　TTL/RS-232 电平转换

2.7.2　RS-232C 的机械特性

1. 连接器

RS-232C 并未定义连接器的物理特性，因此，出现了 DB-25、DB-15 和 DB-9 各种类型的连接器，其引脚的定义也各不相同。下面分别介绍 DB-25、DB-9 两种连接器。

（1）DB-25 连接器

PC 机和 XT 机采用 DB-25 型连接器。DB-25 连接器定义了 25 根信号线，分为 4 组：

① 异步通信的 9 个电压信号（含信号地 SG）（2，3，4，5，6，7，8，20，22）；

② 20 mA 电流环信号 9 个（12，13，14，15，16，17，19，23，24）；

③ 空 6 个（9，10，11，18，21，25）；

④ 保护地（PE）1 个，作为设备接地端（1 脚）。

DB-25 型连接器的外形及信号线分配的引脚如图 2.44 所示，接口实物如图 2.45 所示。

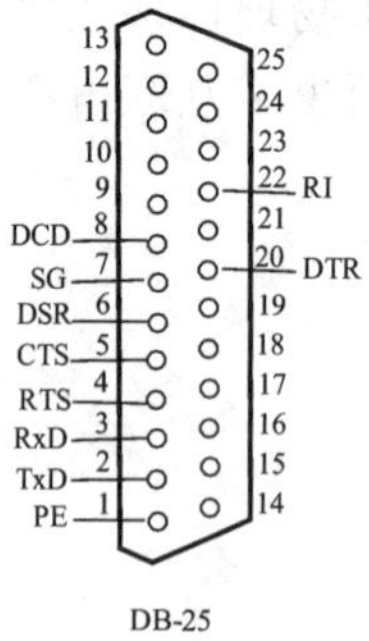

图 2.44　DB-25 引脚

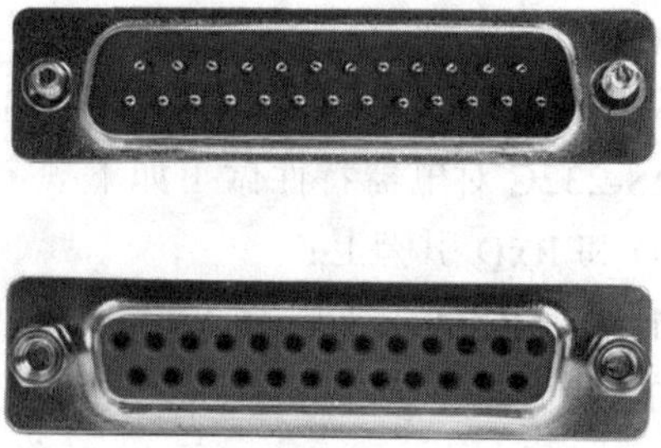

图 2.45　DB-25 实物

注意：20 mA 电流环信号仅 IBM PC 和 IBM PC/XT 机提供，至 AT 机及以后，已不支持。

（2）DB-9 连接器

在 AT 机及以后，不支持 20 mA 电流环接口，使用 DB-9 连接器，作为提供多功能 I/O 卡或主板上 COM1 和 COM2 两个串行接口的连接器。它只提供异步通信的 9 个信号。

DB-9 型连接器的外形及信号线分配的引脚如图 2.46 所示，接口实物如图 2.47 所示。

DB-25 型连接器的引脚分配与 DB-25 型引脚信号完全不同。因此，若与配接 DB-25 型连接器的 DCE 设备连接，必须使用专门的电缆线。

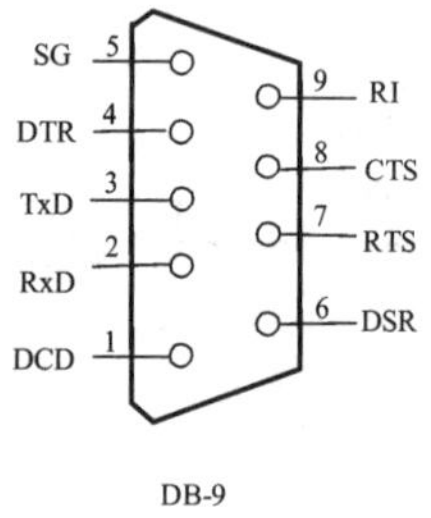

图 2.46　DB-9 引脚

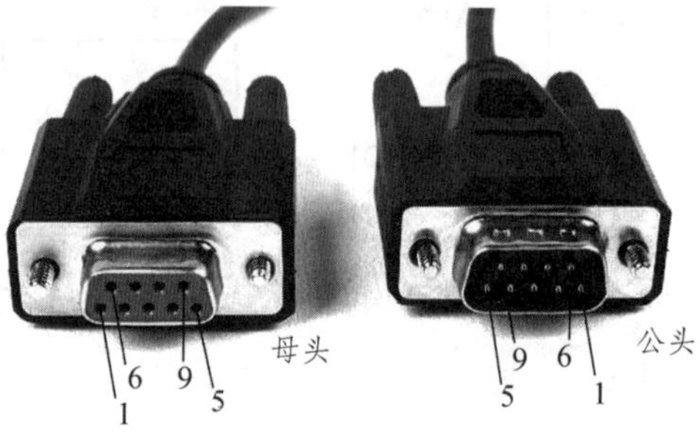

图 2.47　DB-9 实物

2. 电缆长度

在通信速率低于 20 kb/s 时，RS-232C 所直接连接的最大物理距离为 15 m。

RS-232C 标准规定，若不使用 Modem，在码元畸变小于 4%的情况下，DTE 和 DCE 之间最大传输距离为 15 m。可见这个最大距离是在码元畸变小于 4%的前提下给出的。为了保证码元畸变小于 4%的要求，接口标准在电气特性中规定，驱动器的负载电容应小于 2 500 pF。

2.7.3　RS-232C 的功能特性

RS-232C 标准接口有 25 条线，4 条数据线、11 条控制线、3 条定时线、7 条备用和未定义线，常用的只有 9 根：

1. 联络控制信号线

（1）数据装置准备好（DSR）

DSR 通常表示数据通信设备 Modem（即数据装置）已接通电源连到通信线路上，并处在数据传输方式。

（2）数据终端准备好（DTR）

通常当数据终端设备一加电，该信号就有效，表明数据终端设备准备就绪。

DSR、DTR 这两个信号有时连到电源上，一通电就立即有效。这两个设备状态信号有效，只表示设备本身可用，并不说明通信链路可以开始进行通信了，能否开始进行通信要由下面的控制信号决定。

（3）请求发送（RTS）

当数据终端设备准备好送出数据时，就发出有效的 RTS 信号，用于通知数据通信设备准备接收数据。它用来控制 Modem 是否要进入发送状态。

（4）允许发送（CTS）

当数据通信设备已准备好接收数据终端设备的传送数据时，发出 CTS 有效信号来响应 RTS 信号。

RTS 和 CTS 是数据终端设备与数据通信设备间一对用于数据发送的联络信号。

（5）载波检测（DCD）

当本地 Modem 接收到来自对方的载波信号时，该引脚向数据终端设备提供有效信号。

（6）振铃指示（RI）

当 MODEM 接收到对方的拨号信号时，该引脚信号作为电话铃响的指示、保持有效。

2. 数据发送与接收线

（1）发送数据（TxD）

通过 TxD 终端将串行数据发送到 Modem（DTE→DCE）。

（2）接收数据（RxD）

通过 RxD 线终端接收从 Modem 发来的串行数据（DCE→DTE）。

3. 地　线

有两根线 SG、PG，即信号地和保护地信号线，无方向。

2.7.4　RS-232C 的规程特性

1. 远距离通信

在远距离通信时，一般要加调制解调器（Modem）。若在双方 Modem 之间采用普通电话交换线进行通信，除了需要 2 ~ 8 号信号线外，还要增加 RI（22 号）和 DTR（20 号）两个信号线进行联络，如图 2.48 所示。

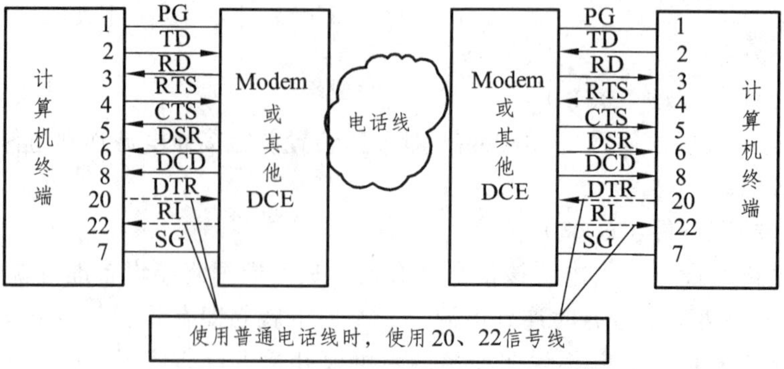

图 2.48　RS-232 与 Modem 的连接

DSR、DTR：数据通信设备（DCE）准备好、数据终端设备（DTE）准备好，只表示设备本身可用。

首先，通过电话机拨号呼叫对方，电话交换台向对方发出拨号呼叫信号，当对方 DCE 收到该信号后，使 RI（振铃信号）有效，通知 DTE，已被呼叫。当对方“摘机”后，两方建立了通信链路。

若计算机要发送数据至对方，首先通过接口电路（DTE）发出 RTS（请求发送）信号。此时，若 DCE（Modem）允许传送，则向 DTE 回答 CTS（允许发送）信号。一般可直接将 RTS/CTS 接高电平，即只要通信链路已建立，就可传送信号。

当 DTE 获得 CTS 信号后，通过 TXD 线向 DCE 发出串行信号，DCE（Modem）将这些数字信号调制成模拟信号（又称载波信号），传向对方。

计算机向 DTE“数据输出寄存器”传送新的数据前，应检查 Modem 状态和数据输出寄存器为空。当对方的 DCE 收到载波信号后，向对方的 DTE 发出 DCD 信号（数据载波检出），通知其 DTE 准备接收，同时，将载波信号解调为数据信号，从 RXD 线上送给 DTE，DTE 通过串行接收移位寄存器对接收到的位流进行移位，当收到 1 个字符的全部位流后，把该字符的数据位送到数据输入寄存器，CPU 可以从数据输入寄存器读取字符。

2. 近距离通信

当通信距离较近时，可不需要 Modem，通信双方可以直接连接，这种情况下，只需使用少数几根信号线。最简单的情况，在通信中根本不需要 RS-232C 的控制联络信号，只需 3 根线（发送线、接收线、信号地线）便可实现全双工异步串行通信，如图 2.49 所示。

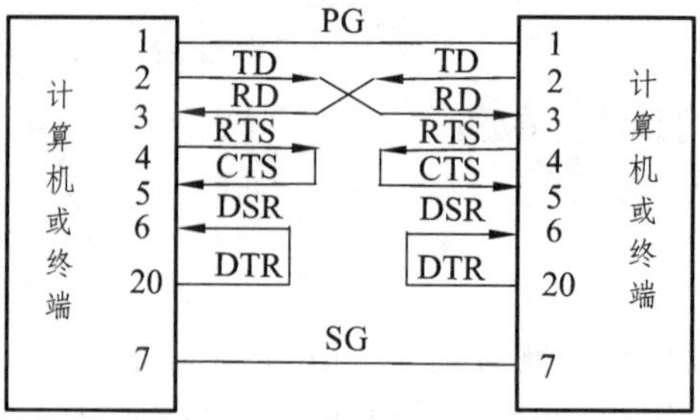

图 2.49　两个 RS-232C（DB-9）终端设备的连接

RTS 与 CTS 互联：只要请求发送，立即得到允许；
DTR 与 DSR 互联：只要本端准备好，认为本端立即可以接收（DSR、数传机准备好）。

【思考题】

将 DB-25 接头转为 DB-9 接头时，引脚如何连接？

课题3 列车通信网络技术

3.1 列车通信网络概述

【知识目标】

（1）理解列车通信网络应用的意义；

（2）掌握列车通信网络的概念和作用；

（3）掌握列车通信网络的特点；

（4）理解列车通信网络的应用现状；

（5）了解列车网络发展趋势。

【能力目标】

（1）能够描述列车通信网络的概念和作用；

（2）能够描述列车通信网络的特点。

【学习内容】

随着高速铁路和城市轨道交通的发展，电动车组逐渐占据了越来越多的铁路运输市场。与传统的列车相比，电动车组因具有高速化、自动化和舒适化的特点而使得越来越多的信息（诸如控制、状态、故障、媒体等信息）由此产生，并且迫切需要在各车载计算机设备之间相互传输与交换。这些大量信息要安全、快速、可靠、准确地在整个列车上传输，就必须引入列车通信网络。

3.1.1 列车通信网络应用的意义

在早期的列车控制与状态监视运用实践中，通常使用一个单独的电气控制回路或者监视回路来实现这项功能。例如，在一列地铁的单元车组里，可能由一对控制线来控制全部左边的车门，再用另外一对控制线来控制全部右边的车门。至于车门的关闭状态，同样需要一对监视线报告所有左侧关闭的车门，另一对监视线来报告所有右侧车门的关闭情况。

因此，在传统的方法中需要很多的列车线，而且不能提供故障车门准确的位置。车门系统只是列车的一个子系统，列车上的更多系统、控制与状态监视意味着需要更多的布线，也意味着更多的电耦合器管脚以及更高的故障率。由此看来，随着车上各项功能的增多，在列车上引入通信网络是非常必要的。

列车通信网络的引入，大大减少了控制系统的布线，简化了控制系统的物理结构，有利于系统与系统之间的资源共享，增强了系统的灵活性和扩展性，减轻了安装了维护的工作量。例如，在制动过程中，网关阀根据各车的不同载重协调分配各车辆之间的制动力。

3.1.2 列车通信网络的概念和作用

列车通信网络是一个安装在列车上的计算机局域网络系统，它将分布于列车上不同位置具有不同功能的控制设备以一定的规则用通信介质连接起来，形成信息通道，在一定的计算机软件、硬件的支持下，为连接于其上的设备提供稳定、可靠的通信服务。图 3.1 为列车通信网络的示意图。

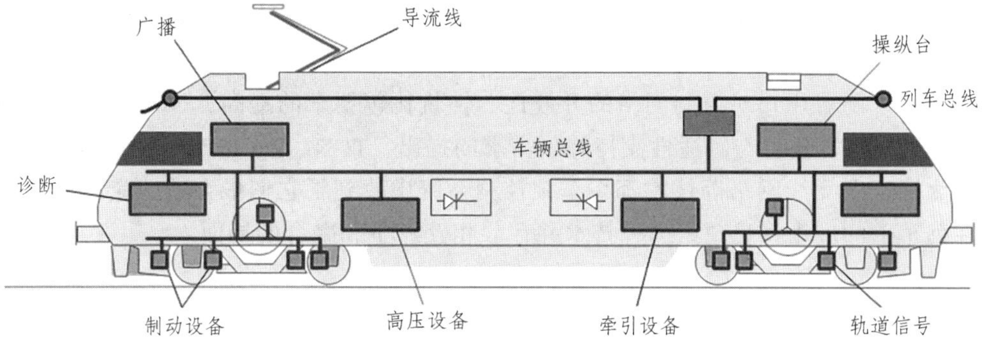

图 3.1 列车通信网络示意

列车通信网络的主要作用是为连接于网络上的设备提供通信服务，它能实现的功能和服务主要如下：

（1）为连接入网的牵引系统、制动系统、车门系统、信号系统等提供一个资源共享、信息交互的平台；

（2）为连接入网的系统、设备之间的控制指令及状态信息的传递交互提供一个通信信道；

（3）为连接入网的系统、设备之间的控制指令及状态信息等数据的传输提供一个调度分配机制。

3.1.3 列车通信网络的特点

列车通信网络应用于机械振动大、高电磁干扰等动态运行列车环境中，因此，它在可靠性、实时性、操作性等方面有较高的要求，与普通的计算机局域网络相比，具有以下特点：

（1）实时性强。列车是安全要求高的运动型服务设备，它对控制指令的传输、状态信息的采集等方面要求有较快的瞬时响应，特别是牵引和制动指令的传输，要求有较强的实时性。

（2）可靠性高。列车通信网络长期处于振动、电磁干扰的工作环境中，为列车上的系统、设备提供通信信道及数据调度服务。如果网络设备出现故障，将会影响列车运行，因此，列车通信网络在总线控制与总线布置等方面进行了冗余设计，以提高可靠性。

（3）数据容量大。列车上的数据按功能来分可以分为控制类数据和状态量数据，就状态数据而言，其来源于监测点。现代列车对动车组实施全方位监测，以复兴号为例，其监测点多达 2 500 项。因此，要求列车通信网络有较大的数据容量，以满足庞大的数据传输需求。

（4）可自动组网。对于非固定编组列车，列车经常需要重新编组，列车重新编组时，网络节点能够自动配置，以满足重组之后列车的控制与管理。

3.1.4 列车通信网络的应用现状

现代列车控制系统主要是基于网络通信技术的控制系统，比如 Siemens 的 SIBAS 32 铁路自动化系统、ADtranz 公司（2001 年已被 Bombardier 公司收购）的 MITRAC 列车通信和控制系统、Alstom 公司的 A-GATE 控制系统以及日本三菱、东芝公司的 TIMS 列车控制监视系统。

近年来，随着用户对控制网络的开放性、性价比等要求的提高，以及基于网络的远程诊断与维护、旅客信息与舒适性支持等新需求的提出，TCN、WorldFIP、LonWorks、CAN、工业以太网以及无线网络等技术都在车载控制系统中找到了它们最合适的应用场合，控制网络在列车上的应用将呈现出多种技术并存、相互竞争和融合的局面。

1. TCN 网络技术

TCN 网络是国际电工委员会第九技术组专门为铁路机车、动车的控制而开发的网络技术。一个典型的 TCN 网络系统的拓扑结构如图 3.2 所示。

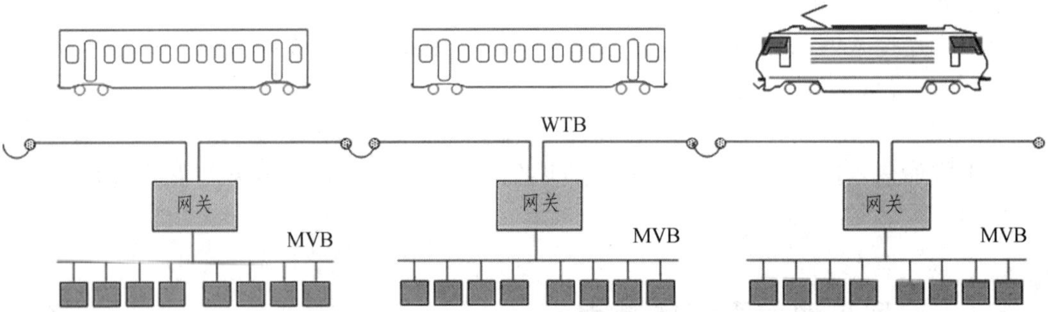

图 3.2　一种 TCN 网络拓扑结构

TCN 网络系统包括两层总线结构：绞线式列车总线（WTB）和多功能车辆总线（MVB）。二者之间通过网关（节点）进行协议转换。

目前，TCN 网络技术的开发和应用主要由 Siemens、Bombardier 等公司主导，其主要应用在互操作性和控制实时性要求高的国际联运高速机车、动车组、重载列车以及地铁列车等关键的轨道交通领域。

2. LonWorks 网络技术

LonWorks 网络是美国 Echelon 公司推出的全开放智能分布式测控网络。LonWorks 网络采用的是 LonTalk 协议，具有 OSI 模型的全部 7 层，其组网灵活，具有线形、环形和总线型等多种拓扑结构。网络结构形式包括主从式、客户/服务式和对等式，支持光纤、同轴电缆、双绞线和无线电等传输介质。1997 年 5 月，美国铁路协会（AAR）将 LonWorks 网络作为其列车内部通信规范。1999 年 8 月，IEEE 将其作为列车通信协议标准 IEEE 1473—1999 的一部分（IEEE 1473-L）。

国外方面，LonWorks 网络主要应用于北美和亚洲的一些国家，如美国的纽约地铁车辆、新泽西轻轨、旧金山地铁、Acela 高速列车，南非和加拿大等国的重载货物列车，澳大利亚和德国等国的轨道车辆，日本的单轨列车。

国内方面，2002 年 7 月，我国将 LonWorks 网络作为列车通信网络的一部分，写进了列车通信网络标准 TB/T 3035—2002，并开始正武应用于我国机车车辆。LonWorks 网络在“新曙光”号和“神州”号等内燃动车组以及 25G 型客车和 19K 型客车等车辆中都有应用。

3. WorldFIP 总线

1987 年 3 月，由 Alstom 等几家法国公司成立了 WorldFIP 组织。他们根据用户的要求开发出了 FIP 现场总线，并成为法国标准，于 1999 年被采纳为现场总线国际标准 IEC61158-2，后更名为 WorldFIP 总线。现在 WorldFIP 总线既是欧洲现场总线标准 EN 50170-3，也是国际标准 IEC 61158-TYPE7，属于 8 种现场总线之一。

WorldFIP 总线已经在 70 多个国家和地区的汽车制造、化工、能源、空间技术、电力等领域得到了广泛应用，同样 WorldFIP 总线在铁路上也有应用。

国外方面，Alstom 公司将 WorldFIP 总线用在其开发的 AGATE 列车控制系统中，成功应用于 TGV 高速列车，并且在 2007 年 4 月创造了 574.8 km/h 的世界最高运行纪录。此外，欧洲的 Eurostar 高速列车、巴黎无人驾驶地铁、比利时重载列车、新加坡地铁等也都应用了 WorldFIP 总线。

国内方面，由 Alstom 与浦镇车辆厂制造的上海明珠线轻轨车辆上应用了 WorldFIP 总线。

4. ARCNET 网络

ARCNET 网络是一种基于令牌传递（token passing）协议的现场总线，其最初是美国 Datapoint 公司在 20 世纪 70 年代末作为办公自动化网络发展起来的。ARCNET 是一个真正开放的标准协议，于 1999 年成为美国国家标准 ANSI/ATA 878.1。

国外方面，日本的高速列车所使用的列车通信网络主要采用 ARCNET 网络。

国内方面，我国四方机车车辆股份有限公司引进日本川崎重工的高速动车组（CRH2）中使用了 ARCNET 网络。

5. CAN 总线

CAN（Controller Area Network）即控制器局域网，是应用最广泛的现场总线之一。该总线是在 20 世纪 80 年代初期由研发和生产汽车电子产品著称的德国 Bosch 公司开发的一种串行数据通信总线，在 1993 年成为国际标准 ISO 11898，主要应用于汽车监测和控制系统。CANopen 是一种架构在 CAN 上的高层通信协议，它是由 CiA（CAN in Automantion）组织来制定与维护的，CiA 组织以非营利的形式负责开发 CANopen 应用层协议规范。其中，CiA421 轨道车辆集成网络规范，是专门为轨道车辆网络制定的子协议，用来连接由不同公司制造的像牵引控制、司控台、主变流器、门控器等车辆子系统。

近年来，CAN 与 CANopen 协议在轻轨、地铁和货车等轨道车辆，以及车门、空调、倾摆、制动、牵引和旅客信息等控制子系统中获得了广泛应用。

国外方面，主要应用的有瑞士 Stadler Rail 公司的 FLIRT 城市轨道列车、德国 SAB-WABCO 公司的基于 CANopen 的制动控制系统、德国 Selectron 公司在车辆翻新改造项目中使用的基于 CANopen 的分布式控制系统、捷克 Unicontrol 公司开发的基于 CANopen 的模块化的控制系统 UnitrackⅡ、芬兰 EKE 电子公司开发的 WTB/CAN 网关、德国货运和法国国铁的货车车辆网络等。另外，Siemens、Alstom、Bombardier、Fiat、GE 等公司在其内燃机车、轻轨车辆、地铁等产品中也使用了 CAN 和 CANopen。

国内方面，CANopen 在长春轻轨、北京机场轻轨线都有应用，另外我国的一些动车组也采用了 CAN 总线完成动车之间的重联控制。

3.1.5 列车网络发展趋势

由于各种控制网络都有其优缺点，目前还没有一种控制网络能很好地满足铁路用户的所有应用需求。因此，在将来，列车网络技术标准和 IEC 61158 工业现场总线标准一样，将不再是仅包含一种技术的标准，而是多种网络技术的融合。

列车控制网络技术今后的发展将呈以下趋势：

1. 局面上

（1）相互竞争，多种网络技术并存。

基于 WTB 和 MVB 的 IEC TCN 网络技术是专为铁路应用而开发的，它代表了一些大公司的利益，具有强的实时性、高的可靠性等特点，能满足铁路行业的特殊需求，因而在今后相当长的时间内，仍将作为列车控制网络技术的主流在互操作性要求高的高速机车、动车组、地铁车辆等高端市场应用；而其他通用网络技术，如 Lonworks、CANopen 等，由于其具有良好的开放性、高的性价比以及开发的灵活性和便利性，将在通信数据量不太大或实时性要求不太高的应用场合，如客车、货车、轻轨、内燃机车以及控制子系统等领域得到广泛使用。

（2）相容并蓄，多种网络共存于一个系统中。

由于用户需求的多样性，WorldFIP、CANopen、TIMN、Lonworks 等通用网络技术在今后一段时间内将和原有 TCN 网络共同发展、取长补短并相互融合，如列车总线可能仍然采用 WTB，而车辆总线除 MVB 外还可能采用 WorldFIP、CANopen、Lonworks、TIMN 中的一种；或者车辆总线仍然采用 MVB，而 I/O 和控制子系统则采用上述通用网络中的一种。

（3）异军突起，工业以太网的引入将成为新的热点。

近年来，工业以太网技术正在工业自动化和过程控制市场上迅速发展。以太网技术已渗透到了工业控制中，出现了现场总线型网络技术与以太网/因特网开放型网络技术的自然结合。随着基于网络的远程诊断与维护、旅客信息与舒适性支持等新的用户需求的提出，以太网不仅可以成为列车网络中的高层信息网络，也极有可能上下贯通直接与下层车载控制设备相连，从而形成车辆控制与信息服务的新型宽带网络系统，实现控制网络与信息网络的有机融合。但列车网络控制系统作为一个公共交通工具的控制系统，其安全性，即保证列车和旅客的安全是第一位的。因此，系统必须具备很好的安全防范性能，系统在受到恶意攻击时应具有“自卫”能力和应急处理措施，从而保证列车运行的安全。

2. 技术上

（1）为改善控制性和确保可靠性，在中央装置和各终端装置已分别采用复数的 32 位 CPU 代替了早期单一的 8 位 CPU，以安全控制为中心的列车运行监测还要不断提高其可靠性和响应性。

（2）进一步发展具有诊断功能的监测装置，其关键技术是信息传输系统（传输通道、传输速度、控制方式等）。由于列车的运行环境使有线和无线传输系统容易受到潜在的电磁干扰影响，如果采用光纤通信，则可不受电磁干扰。

（3）实现标准化和无维修化，列车网络的互联互通难度大、研发周期长、技术涉及面广，是一项复杂的系统工程，需要行业主管部门、运营管理部门及系统供应商共同参与协调推进。我国的复兴号动车组之间的互联互通就是列车网络标准化的典范。

【思考题】

如何解决不同网络技术应用在列车上的网络通信互联的问题?

3.2 TCN 标准概述

【知识目标】

（1）了解 TCN 标准简介；

（2）了解 TCN 的标准化进程；

（3）掌握 TCN 的内容及网络组态；

（4）理解 TCN 的网络拓扑结构；

（5）理解列车通信网的体系结构。

【能力目标】

（1）能够描述控制系统的组成；

（2）能够描述控制系统各部分的作用。

【学习内容】

3.2.1 TCN 标准简介

1. 列车通信网络协议

列车通信网的主要功能是作为沟通各个控制、诊断单元的信息通道，实现信息交流，从而达到控制的统一和资源共享的目的。

列车中所用的网络协议主要包括 TCN 通信网络标准、LonWorks 通信网络标准、ARCNET 通信网络标准以及 CAN 通信网络标准。这些协议或专为铁路系统设计，或者是为适用于铁路系统而改进的通用通信网络标准。

2. 列车通信网络的两个标准

（1）美国电气与电子工程师协会 IEEE1473—1999《列车通信协议》。

① T 型：国际电工委员会 IEC 61375-1—1999 规定的 TCN 型。

② L 型：美国电子工业协会 EIA709.1—1998《控制网络协议规范》及 EIA709.3—1998《自由拓扑双绞线信道规范》规定的 LonWorks 型。

（2）国际电工委员会 IEC 61375-1—1999《铁道电气设备 列车总线第 1 部分：列车通信网络（TCN）》。

3. 列车通信网络的应用

（1）西门子的铁道自动化系统 SIBAS（SIBAS-16 和 SIBAS-32）；

（2）Adtranz 公司的 MICAS（MICAS-S 和 MICAS-S2）、MITRAC；

（3）ALSTOM 公司的 AGATE（以 WorldFIP 总线协议为基础）；

（4）列车通信网络的 IEC/UID 标准化，对目前和将来的开发提供了一个良好的基础；

（5）Adtranz、Firema、Siemens 和其他多家制造厂的所有新项目均以 TCN 为基础。

3.2.2 TCN 的标准化进程

网络技术作为现代列车的关键技术，在世界范围内得到了越来越广泛的应用。由于不同企业的列车网络遵循的标准不同，基于不同网络技术的车载设备往往不能兼容，不同来源的铁道机车车辆也不能够相互连挂。为了从根本上解决列车以及车载控制设备之间的互操作性的问题，最大限度地降低列车控制系统的研发、生产、运用和维护成本，国际上迫切需要一套技术统一、协议开放的列车通信网络。

1988 年，国际电工委员会（International Electrotechnical Commission，IEC）第 9 技术委员会（Technical Committee 9，TC9）成立了第 22 工作组（Working Group 22，WG22），其任务是为铁路设备的数据通信制定一个开放的通信标准，从而使得各种铁道机车车辆能够相互连挂，车上的可编程电子设备能够互换。

1992 年 6 月，TC9 WG22 以委员会草案（Committee Draft，CD）的形式向各国发出列车通信网（Train Communication Network，TCN）的征求意见稿。该稿分成 4 个部分：第 1 部分-总体结构，第 2 部分-实时协议，第 3 部分-多功能车辆总线（MVB），第 4 部分-绞线式列车总线（WTB）。

1994 年 5 月至 1995 年 9 月，欧洲铁路研究所（ERRI）耗资 300 万美元，在瑞士的因特拉肯至荷兰的阿姆斯特丹的区段，对由瑞士 SBB、德国 DB、意大利 FS、荷兰 NS 的车辆编组成的运营试验列车进行了全面的 TCN 试验。

1999 年 6 月，TCN 标准草案正式成为国际标准，即 IEC 61375-1。

2002 年，我国颁布的标准 TB/T 3025—2002 也正式确认为列车通信网络标准。

2003 年，IEC TC9 又成立了列车通信网络临时工作组（Train Communication Network ADHoc Group，TAHG），专门负责 TCN 网络在开放性、互操作性改进以及未来发展等方面的研究工作。TAHG 根据新的用户需求和专家建议，对新的候选总线进行评估，建立了各种车辆总线与列车总线的互联模型，并于 2007 年年底完成了新版 TCN 标准文献的开发。

3.2.3 TCN 的内容及网络组态

TCN 标准对列车通信网络的总体结构、连接各车辆的列车总线、连接车辆内部各智能设备的车辆总线及过程数据等内容进行了详细规定。公开发布的 TCN 标准包括了 5 个部分：第 1 部分-总体结构，包括了术语定义及资料性的概述；第 2 部分-实时协议；第 3 部分-多功能车辆总线（MVB）；第 4 部分-绞线式列车总线（WTB）；第 5 部分-网络一致性测试。

IEC 61375 标准为列车编组的定义提供了内涵依据，根据列车的网络组态情况，目前国际上运行的旅客列车有 3 种编组方式。

（1）开式列车：由一组车辆构成的列车，其编组在正常运行中是可以改变的，如国际旅客列车。WTB 总线作为其列车总线，该总线最多可支持 32 个节点，每个机车或车辆可以没有、有一个或多个节点。每个节点最多可挂 15 个车辆总线（MVB 总线或其他总线），如图 3.3 所示。

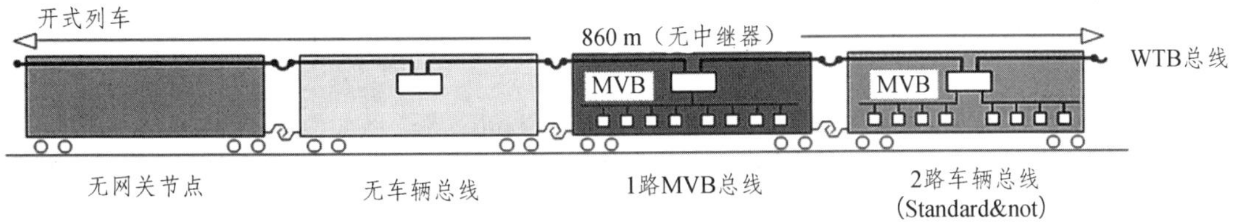

图 3.3　开式列车

开式列车网络组态适用于需要频繁编组和解编的车辆，列车总线采用 WTB 总线，重新编组后能够自动再配置。

（2）闭式列车：由一组车辆组成的列车，其编组在正常运行中不会改变，如以多节车辆为单元的地铁列车。闭式列车的组态展示了在闭式列车上 MVB 既可以作为列车总线，也可以作为车辆总线，如图 3.4 所示。

闭式列车网络组态应用于车辆编组固定的列车，列车总线可以是 MVB 总线，也可以是非 TCN 标准的其他总线，列车总线由司机或工厂离线配置。

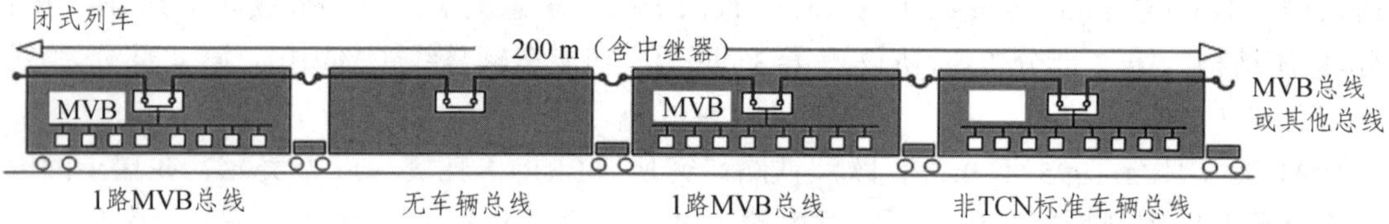

图 3.4　闭式列车

（3）多单元列车：由几个闭式列车单元组成的列车，其组成列车的单元数量在正常运行中是可以改变的，如 CRH1、CRH5 型动车组。多单元列车的组态展示了闭式列车需要连接和解连时，可使用标准 WTB 总线作为其列车总线，如图 3.5 所示。

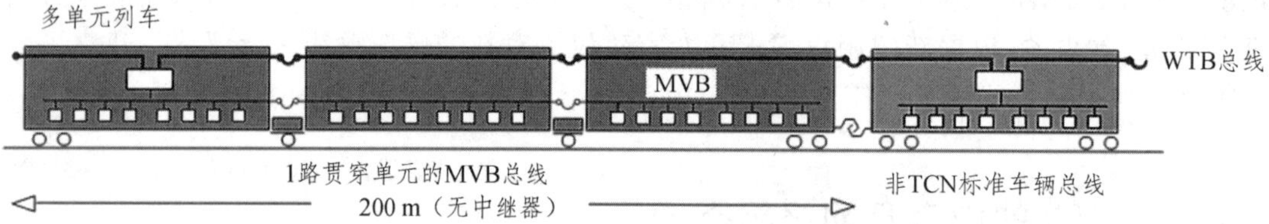

图 3.5　多单元列车

多单元列车网络组态应用于多个闭式列车单元组成的编组列车，列车解编或编组时以闭式列车单元为单位，单元之间使用 WTB 总线作为其列车总线，重新编组后也能够自动再配置。

3.2.4　TCN 的网络拓扑结构

列车通信网络的网络拓扑结构由一路连接车辆的列车总线和一路或者多路连接车辆内部设备的车辆总线组成，如图 3.6 所示即为一种 TCN 的网络拓扑结构。

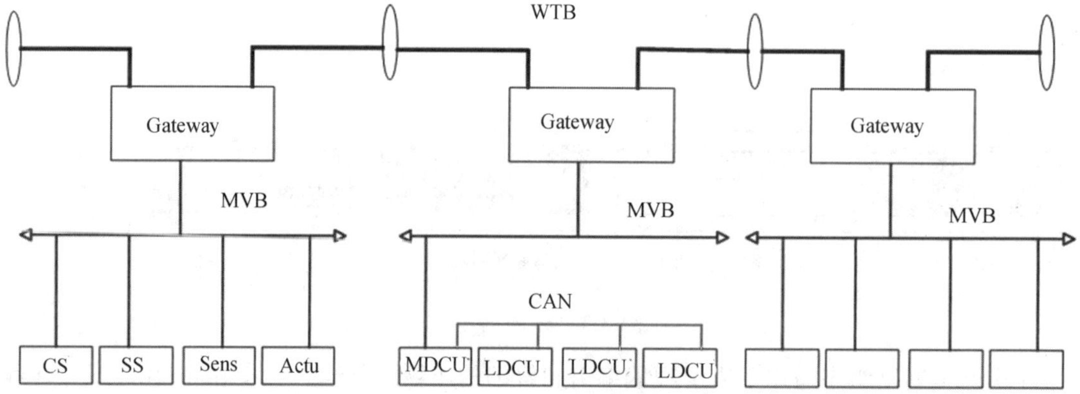

Gateway—列车、车辆总线网关；CS—主站；SS—从站；Sens—智能传感器；Actu—智能执行器；MDCU—主门控制器；LDCU—从门控制器。

图 3.6　TCN 的网络拓扑结构

列车总线连接不同车辆（单元）中的网络节点（网关）；车辆总线连接车辆（单元）内部中的各种现场或控制终端设备。列车总线和车辆总线是两个独立的通信子网，可以采用不同的网络协议，两者之间通过一个列车总线节点（网关）互联。

TCN 网络结构的两类总线将列车的控制分成三层结构：列车级控制、车辆（单元）级控制、设备级控制。

设备级控制中如果还存在子网，那么设备级的总线是指在车辆总线下拓展的第 3 级总线，如车门控制系统中的连接各个车门控制单元的控制总线，它们作为车辆总线的下层网络设备连接到车辆总线上。

每一列列车在运行中必须有一个且只能有一个控制总线的节点，称为控制节点。正常情况下以激活端的司机室的主节点作为控制节点，又称为主控节点。主控节点管理列车总线的运行，必要时可以切换主控节点。

车辆总线的运作由各自车辆（单元）的总线控制节点来管理。

3.2.5 列车通信网的体系结构

列车通信网的结构应遵循 ISO/OSI 7 层模型。列车通信网络作为局域网，节点功能固定，故只涉及网络中的上下两层和应用层。其中，数据链路层在应用于局域网时分成了两个子层：逻辑链路控制（Logic Link Control，LLC）子层和介质存取控制（Medium Access Control，MAC）子层，如图 3.7 所示。

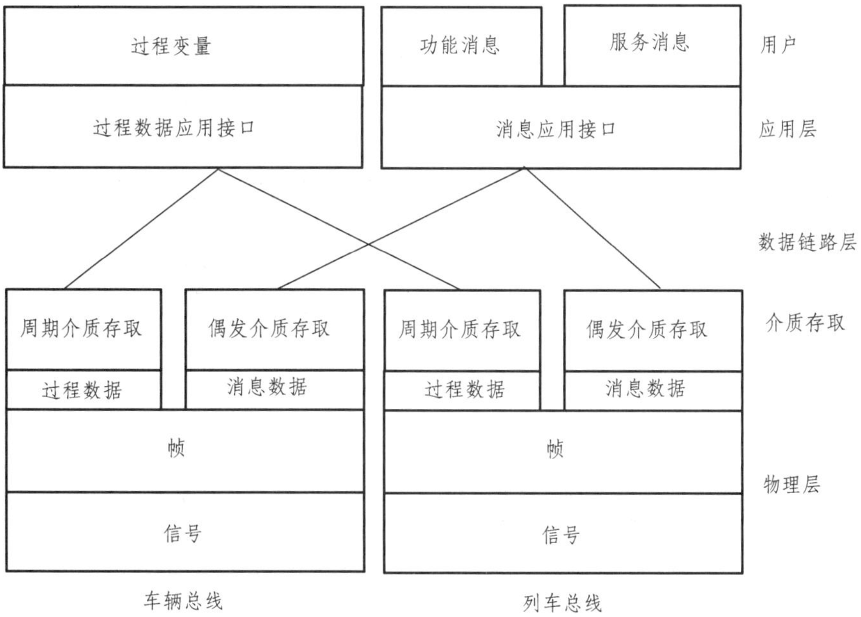

图 3.7　列车通信网的体系结构

MAC 子层处理局域网中各站对通信介质的使用问题，对于不同的网络拓扑结构，可以采用不同的 MAC 方法；而 LLC 子层屏蔽各种 MAC 子层的具体实现，将其改造成为统一的 LLC 界面，从而向网络层提供一致的服务。

列车通信网上的实时性、可靠性及网络构成的实用性要求比较高。

TCN（列车通信网络）将列车上的智能设备连接起来，完成下述功能：

（1）列车牵引控制及车辆控制（如车门、车灯等的远程控制）；

（2）远程诊断及维护；

（3）旅客信息及舒适性。

TCN 包括两层结构：

（1）连接各车辆的绞线式列车总线（Wire Train Bus，WTB），列车新编组时可自动配置，通信介质为双绞线，通信速率为 1 Mb/s。

（2）连接一节车辆内或车辆组（单元）各设备的多功能车辆总线（Multifunction Vehicle Bus，MVB），经优化具有快速响应性，通信介质为双绞线或光纤，通信速率为 1.5 Mb/s。

网络管理部分包括对网络的配置、维护及操作，如表 3.1 所示。

表 3.1　TCN 网络特征

特　征	绞线式列车总线（WTB）	多功能车辆总线（MVB）
结　构	结构可变，构成改变时，具有自适应性	结构及设备的地址固定不变
介　质	屏蔽双绞线（860 m，32 个节点，相当于 22 个 UIC 车厢）	双绞线，RS-485（20 m，32 个设备）； 光耦隔离屏蔽双绞线（200 m，32 个设备）； 星形光纤网（2 000 m，2 个设备）
物理冗余	双份物理介质	双份物理介质
信　号	带 16、32 位前同步码的曼彻斯特编码	带定界符的曼彻斯特编码
信号速率	1 Mb/s	1.5 Mb/s
地址空间	8 b 地址	12 b 地址
物理地址	点对点及广播	点对点及广播
有效的帧长度	在 4～132 个字节之间可变	量化的：16、32、64、128 或 256 b
完整性	帧 FCS-16，帧校验以及曼彻斯特编码	IEC60870 校验序列及帧尺寸校验
介质分配	由一台主设备完成	由一台主设备完成
主设备权传送	主设备，强主设备或弱主设备	总线管理器通过令牌传送成为主设备
主设备冗余	初运行后，主设备权传递给另一节点	令牌传递自动进行主设备权转换冗余校验
链路层服务	过程数据　　循环 消息数据　　偶发 监督数据　　循环/偶发	源寻址广播数据 点对点或广播数据报 用于总线管理的数据

【思考题】

地铁列车为何设计成两个单元的闭式列车？

3.3　TCN 标准（MVB）

【知识目标】

（1）掌握 MVB 传输介质；

（2）理解 MVB 设备；
（3）理解 MVB 报文；
（4）了解 MVB 介质访问；
（5）理解 MVB 冗余。

【能力目标】

能够区分判断 MVB 设备类别。

【学习内容】

多功能车辆总线（Multifunction Vehicle Bus，MVB）是特定用于连接同一车辆或一个固定单元的设备到列车通信网络的总线。它既提供了可编程设备之间的互联，也提供了可编程设备与其传感器和执行机构之间的互联。

MVB 总线控制器（主站）最多能寻址至 255 个可编程设备（从站），或者最多可添加 4 095 个简单传感器/执行器。MVB 可应用于一节 26 m 长的 UIC 标准车辆，也可应用于一列固定车组，其线缆长度范围为 50 ~ 200 m。图 3.8 为 MVB 在动车上的应用，图 3.9 为 MVB 在拖车上的应用。

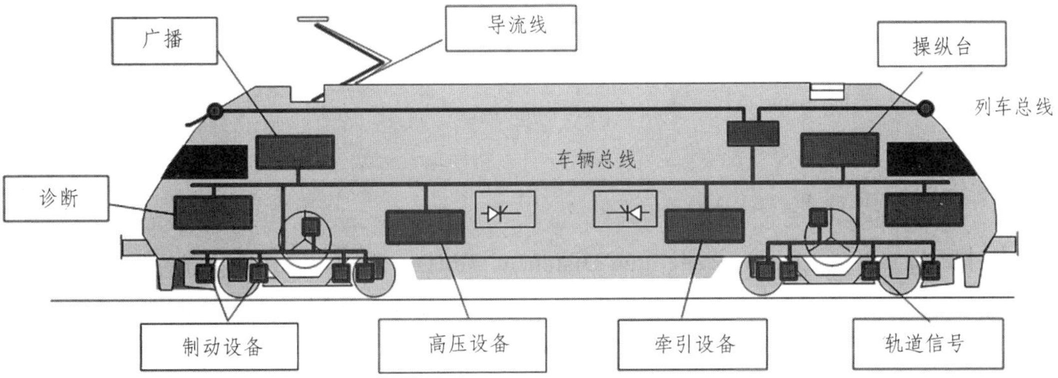

图 3.8　MVB 在动车上的应用

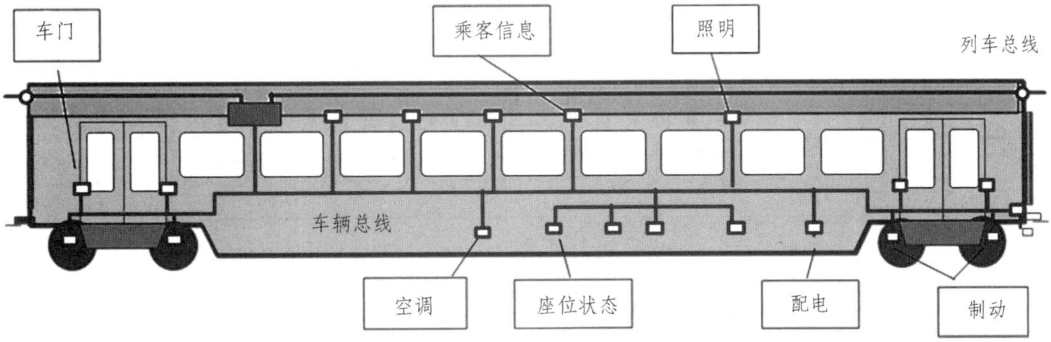

图 3.9　MVB 在拖车上的应用

3.3.1　MVB 传输介质

MVB 可采用三种不同的物理介质，所有介质都以 1.5 Mb/s 的相同速度运行。

1. 电气短距离介质

电气短距离介质（Electrical Short Distance，ESD）应用于 20 m 以内的短距离互联设备。该介质基于成熟的 RS-485 技术，采用差分信号传输，每段最多可支持 32 个设备。收、发器之间无须电气隔离，常用于同一机柜内的设备连接，如图 3.10 所示。

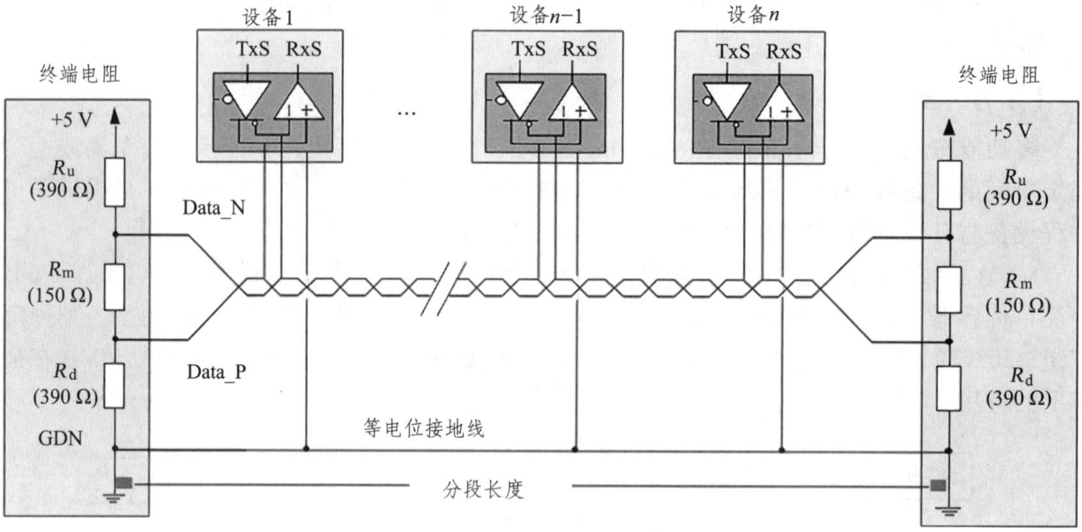

图 3.10　ESM 应用于同一机柜

2. 电气中距离介质

电气中距离介质（Electrical Medium Distance，EMD）应用于 200 m 以内的中距离互联设备，每段最多可支持 32 个设备。收、发器之间需要进行电气隔离，采用的线路收发器是 IEC 1158-2 标准。这种介质常应用在一节车辆或者一个闭式单元车组，如图 3.11 所示。

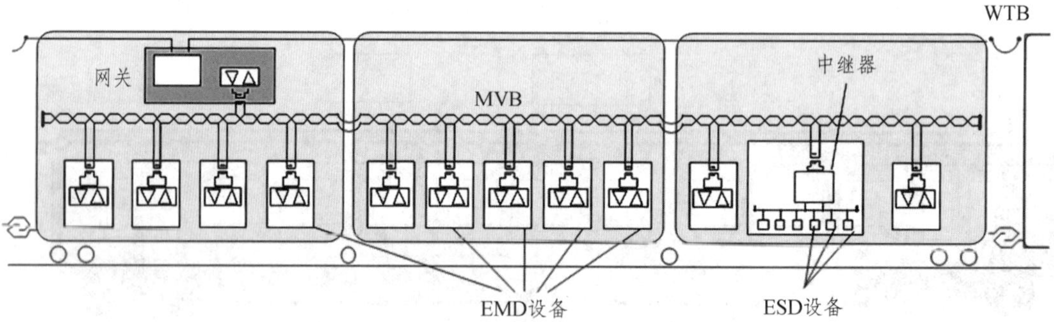

图 3.11　EMD 应用于一个闭式单元车组

3. 光纤介质

光纤介质（Optical Glass Fibre，OGF）可应用于覆盖距离达 2 000 m 的长距离互联设备。光纤介质通常组成一个以有源或无源星形耦合器为中心的星形拓扑。这种介质常应用于机车或者电磁兼容要求高的环境，如图 3.12 所示。

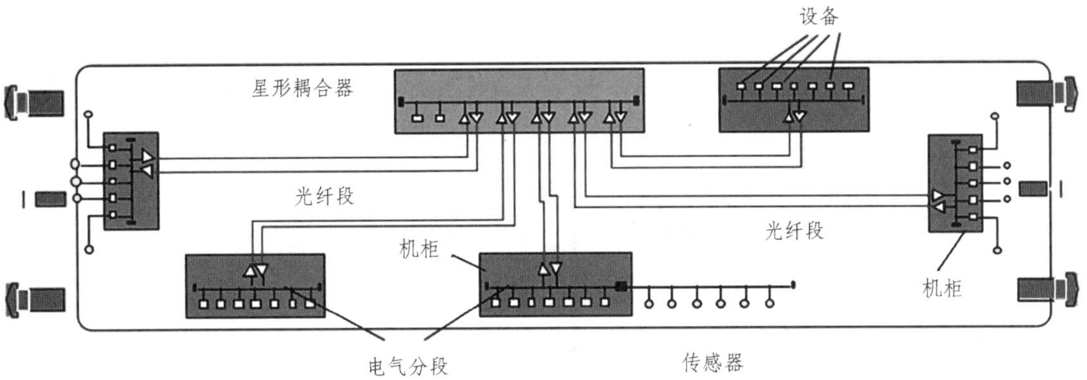

图 3.12　OGF 应用于机车

4. 三种介质之间的耦合关系

一个 MVB 网络结构可以由一个或者多个总线段组成，总线段的介质可以是上述介质中的任意一种。三种 MVB 介质具有相同的通信协议及传输速率，但由于介质的电气特性不同，各总线段的互联必须有连接设备的耦合：一类是中继器，主要用来连接两种电气特性不同的电气介质；另一类是光电耦合器，主要是用于将光纤介质汇入电气介质。

图 3.13 给出了一个 MVB 总线结构的例子，该结构包含了一个 EMD 段、两个 ESD 段和一个 OGF 段。

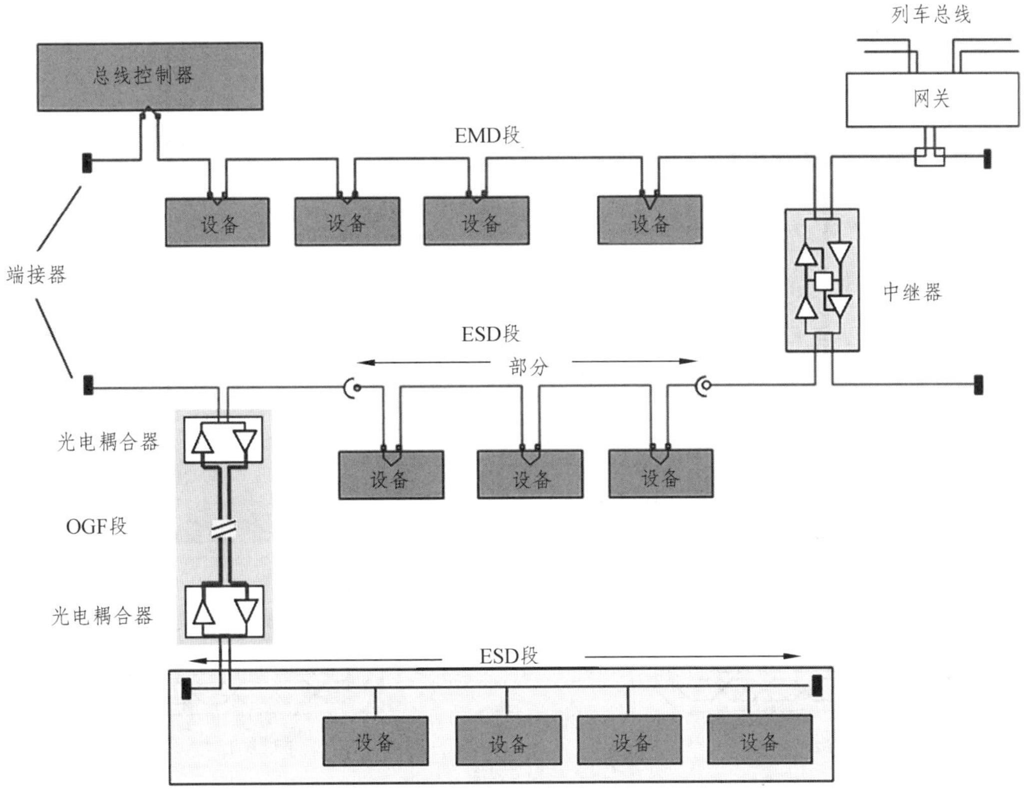

图 3.13　含三种介质的 MVB 结构

5. MVB 连接器

MVB 连接器采用 IEC 1158-2 标准，采用了 9 针 Sub-D 连接器接口，如图 3.14 所示。

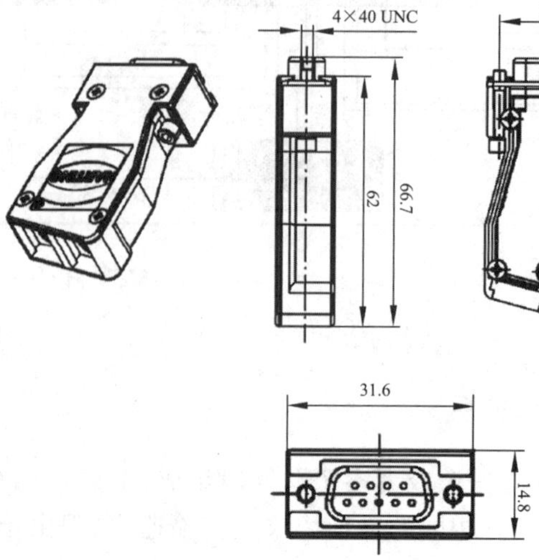

图 3.14　9 针 Sub-D 连接器

MVB 连接器提供了两种引脚定义：单信道引脚和双信道引脚。

单信道引脚接口，每个插头只有 1 个电缆引出口，可以与 1 根 MVB 电缆连接，当拔下插头时，就会中断传输介质，如图 3.15 所示。

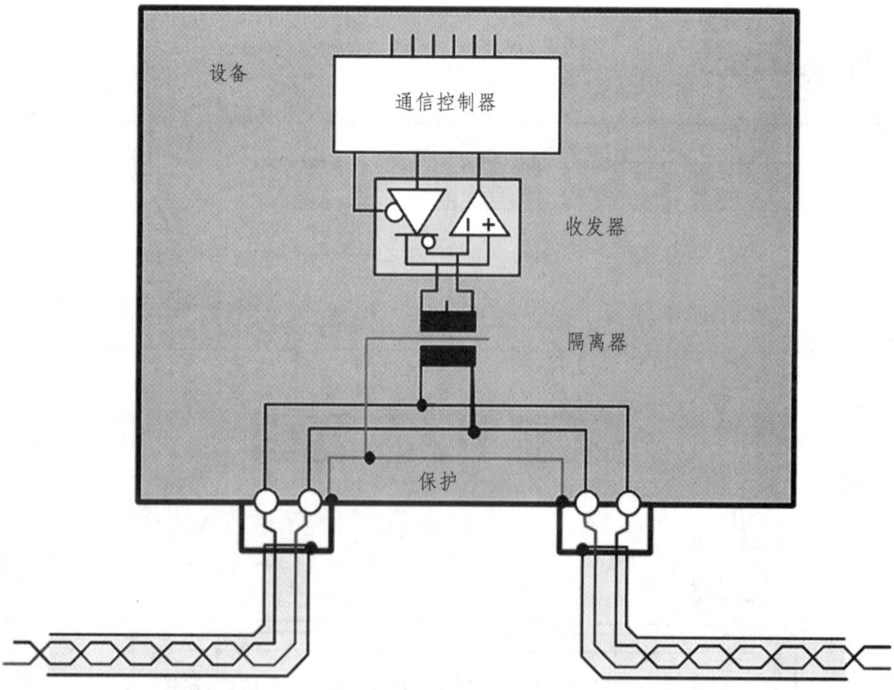

图 3.15　MVB 单信道引脚接口

单信道引脚接口的插头还提供了一种共线接法，如图 3.16 所示，每个插头有两个电缆引出口，可以与两根 MVB 电缆连接，在插头内部通过内置电路将两根电缆进行短接，这样总线就可通过插头构成回路，当拔下插头时，不会中断传输介质。数据线（进线与出线）共用一个连接器。

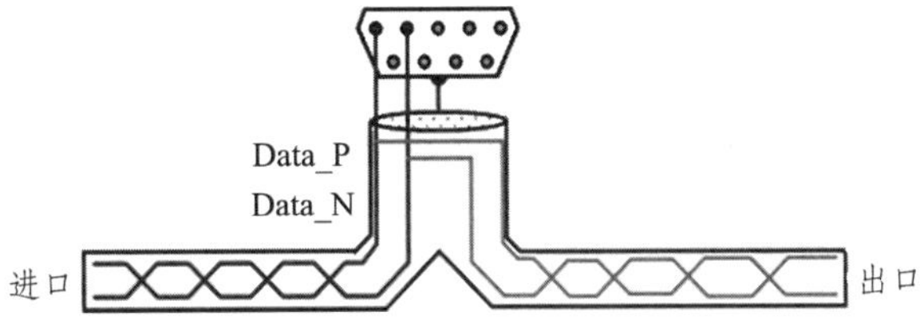

图 3.16　单信道引脚接口共线接法

双信道引脚接口，在同一根电缆中承载两条冗余线路，降低接口共模故障风险。每个插头只有两个电缆引出口，可以与两根 MVB 电缆连接，如图 3.17 所示。

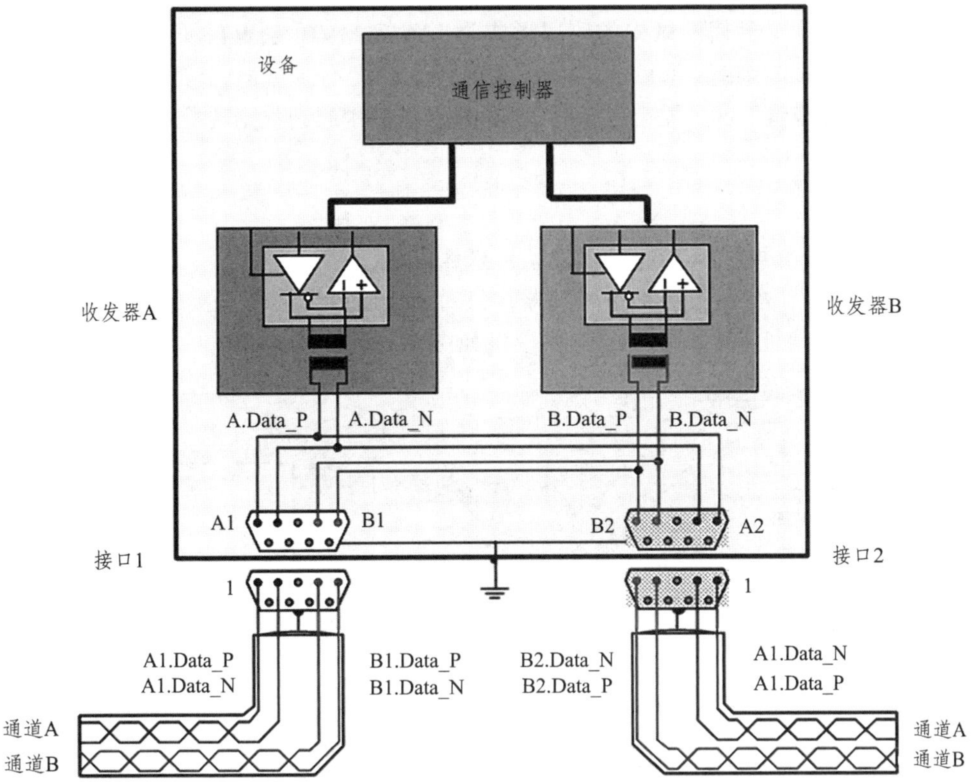

图 3.17　MVB 双信道引脚接口

3.3.2　MVB 设备

1. 设备分类

MVB 设备根据参与数据通信、处理的能力，可分为以下几个类别。

1 类设备：此类设备具有被动发送设备状态和过程数据能力。它们不参与消息数据通信，不需要微处理器，数据的收发仅由通信控制器完成。1 类设备可以连接一些简单的传感器或执行机构，应用形式为列车通信网络中的数字量输入模块（DIMe）。

2 类设备：此类设备具有接收和发送设备状态、过程数据和消息数据的能力。设备配备了处理器，可以参与消息通信。2 类设备在列车通信网络中的应用形式为：模拟量输入输出模块（AXMe）、数字量输入输出模块（DXMe）。

3 类设备：此类设备具有接收和发送设备状态、过程数据和消息数据的能力，它比 2 类设备多了一个用户可编程能力。3 类设备在列车通信网络中的应用形式为：牵引控制模块（DCU）、制动控制模块（BCU）、车门控制模块（EDCU）及辅助控制模块（SIV）等。

4 类设备：此类设备具有接收和发送设备状态、过程数据和消息数据以及总线管理的能力。它可以读取其他设备的设备状态、地址配置情况、监视过程数据传输。4 类设备在列车通信网络中的应用形式为：车辆控制模块（VCMe）、事件记录模块（EDRM）。

5 类设备：此类设备具有接收和发送设备状态、过程数据和消息数据以及 TCN 网关的能力。5 类设备在列车通信网络中的应用形式为：连接 MVB 与 WTB 的网关（Gateway）。

0 类设备：不属于严格意义上的 MVB 设备，因为它们不参与 MVB 的数据通信、处理等。中继器和星形耦合器属于这一类，中继器在 MVB 通信段中起到数据转发及信号放大的功能。

2. 设备硬件区别

MVB 的设备分类可以从它们的硬件结构来区别。

（1）1 类设备。1 类设备不具备处理器，只对 I/O 设备作简单连接，只响应有限的一组从设备地址导出的地址。1 类设备的总线接口如图 3.18 所示。

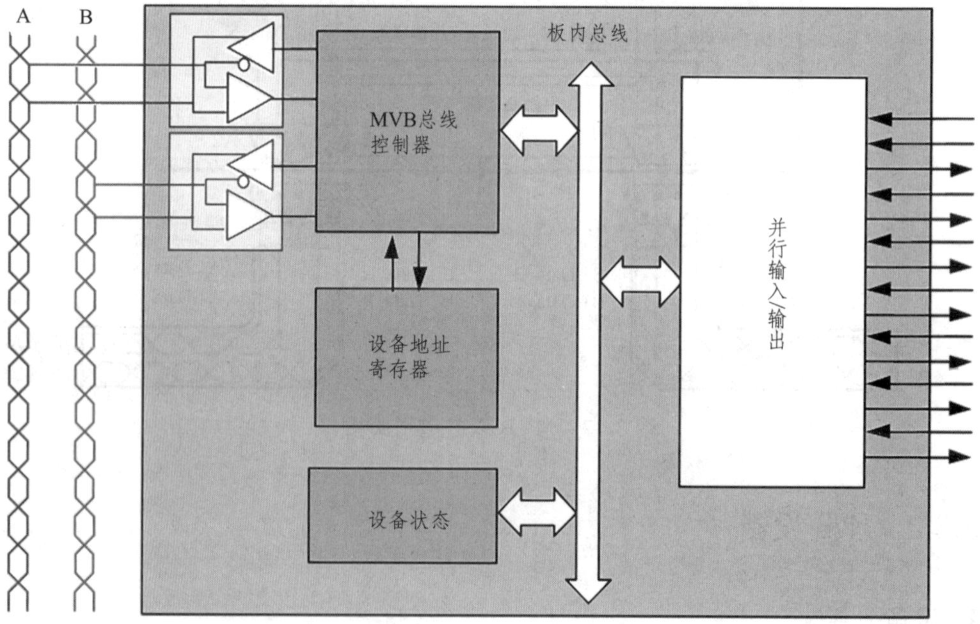

图 3.18　1 类设备

（2）2 类和 3 类设备。2 类和 3 类设备包含应用处理器，如图 3.19 所示。

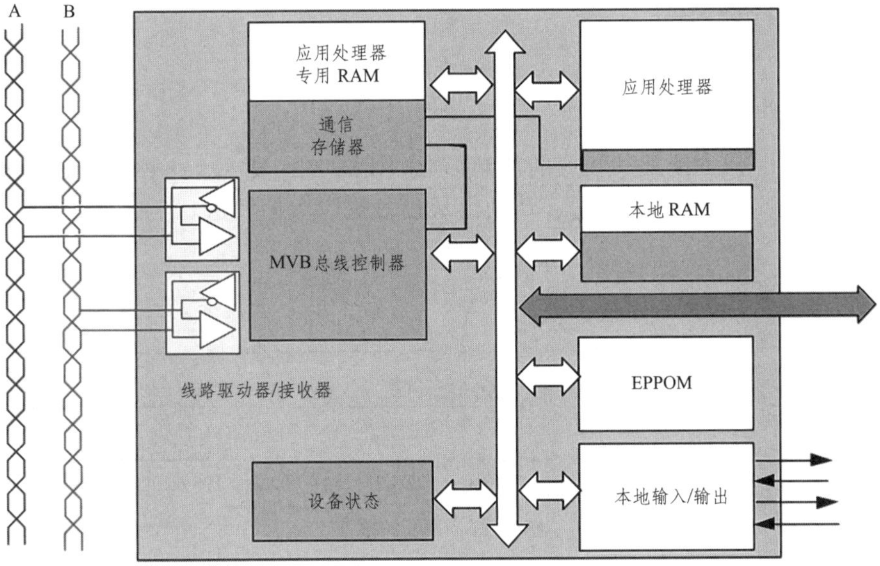

图 3.19 2 类和 3 类设备

总线控制器与应用处理器通过被称为通信存储器的双访问存储器进行通信。这个存储器可以是双口存储器，但在大部分情况下，能共享的普通存储器也可满足要求。

应用处理器把它工作时间的一小部分用于总线通信，例如，周期性数据的刷新管理及执行协议。而总线控制器因有总线主权，具有适应工作负荷大的特点。

（3）4 类设备。4 类设备是 MVB 总线上的核心处理器。总线访问每个设备都由专用的总线控制器控制。它通过发送器和接收器连到两个冗余的线路上。MVB 总线控制器包含编码器和译码器，以及控制通信存储器的逻辑。总线控制器对到达的帧译码并寻址相应的通信存储器。MVB 总线控制器的应用如图 3.20 所示。

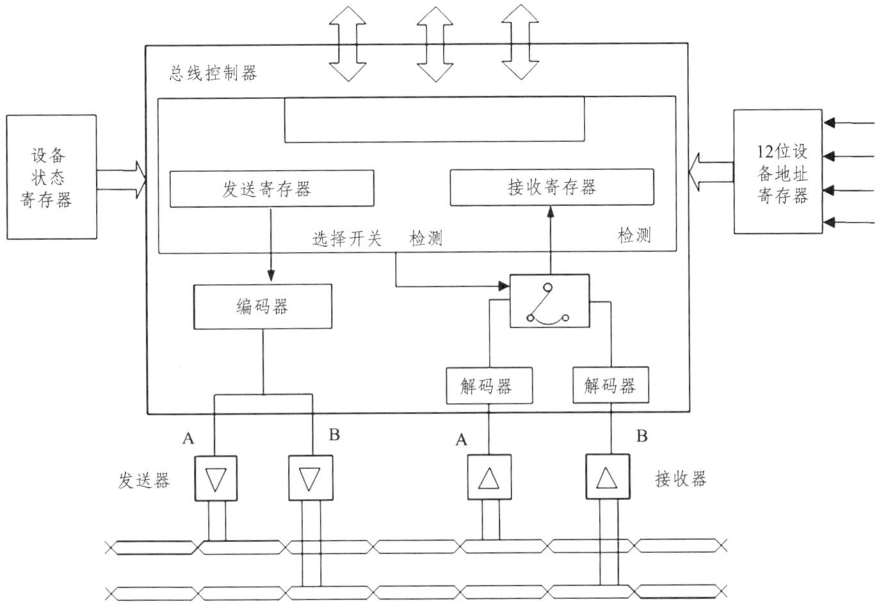

图 3.20 4 类设备

3.3.3　MVB 报文

1. MVB 报文的基本概念

MVB 报文由一个主帧及其相应的从帧形成，如图 3.21 所示。主帧仅由总线主设备（简称总线主，总线管理器之一）发送，从帧由从设备响应主帧发送。

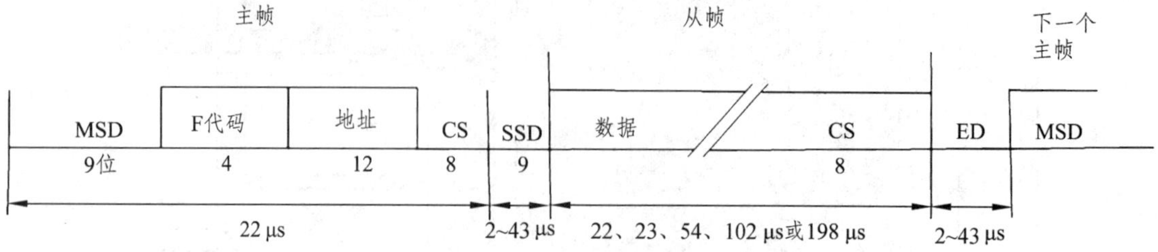

图 3.21　MVB 报文

主帧的长度固定为 33 位，包括以下内容：

（1）9 位起始分界符。起始分界符一般包括三个变形的曼彻斯特代码（两跳变间有 1.5 位元长），以便将它们与数据位序列区分开，如图 3.22 所示。主帧起始分界符和从帧起始分界符是不同的，以防止同步滑移。

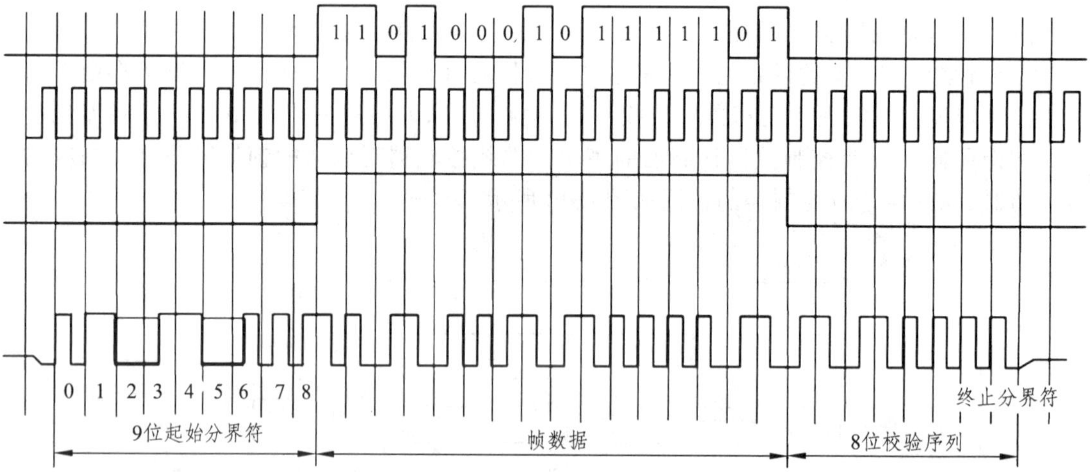

图 3.22　帧分界符、曼彻斯特编码的数据和校验序列

（2）4 位 F 代码，它指明所期望的从帧类型和长度。

（3）12 位地址或参量。

（4）8 位校验序列

校验序列最多可有 64 位，较长的字可有几个校验八位位组，校验序列使用高完整性 IEC 60870-5-1 算法，汉明距离为 4。另外，曼彻斯特编码也提供了附加的完整性，因为只有一个位元的两半都反相才会得到一个出错的位。

（5）终止分界符。帧终止分界符结束，终止分界符用于检测帧的结束。在光纤或 RS-485 传送中，终止分界符简单地把线路置为闲置状态至少一位时间，以使线路返回空闲状态。

但在中距离介质中，终止分界符必须无直流分量、形状对称，以免线路振铃。

所有设备都对主帧译码，随后被寻址的源设备回答一个从帧，该从帧可被其他的几个设备所接收。

2. MVB 报文类型

MVB 有 3 类报文，由主帧中的 4 位 F 代码来区分。

（1）过程数据报文。MVB 的过程数据是对含有 F 代码为 0 ~ 4 及逻辑地址的主帧的响应，如图 3.23 所示。过程数据帧由一个设备发送，所有其他设备接收。

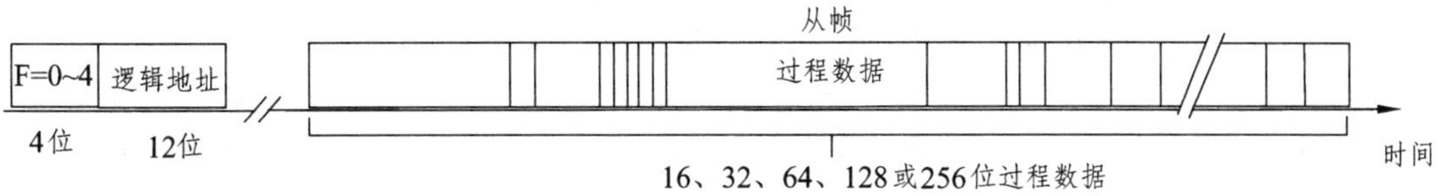

图 3.23　MVB 过程数据报文

（2）消息数据报文。消息数据是对 F 代码等于 12 并含有一个设备地址的主帧的响应，报文长度固定为 256 位。

消息数据包含 12 位的目标地址，所有设备都对目标地址译码，但仅是被选择的目标设备才接收该帧，如图 3.24 所示。

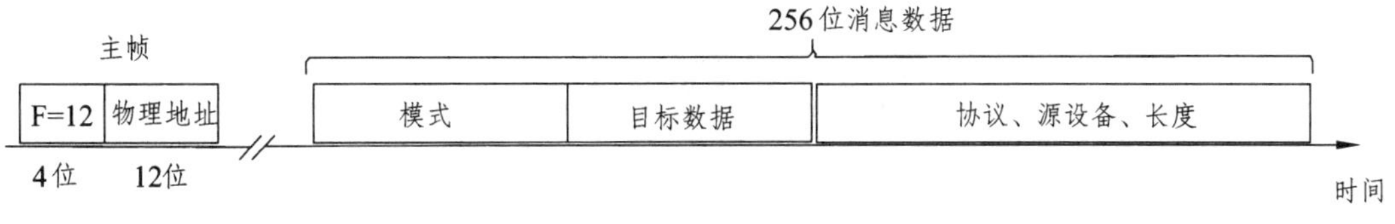

图 3.24　MVB 消息数据报文

（3）监视数据报文。监视数据是对 F 代码为 8、9、13、14 和 15 的主帧的响应，其长度为 16 位，如图 3.25 所示。

其中，F 代码=15 为读设备状态，总线主可以轮询，以检查各设备的状态。

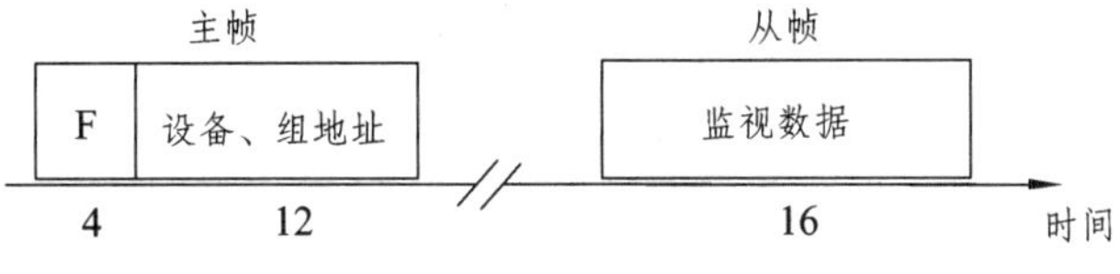

图 3.25　MVB 监视数据报文

3.3.4　MVB 介质访问

MVB 介质访问控制采用主从方式，由唯一的主控制器以定时轮询的方式发送主控帧。总线上其他设备均为从属设备，需要根据收到的主控帧来回送从属帧。它们不能同时发送信息。MVB 由专用主设备——总线管理器进行管理。总线管理器是唯一的主设备。为增加可用性，可能有多个总线管理器，它们以令牌方式传递主设备控制权。在一个给定的时间点上，仅有一个管理器在总线上工作。对于多个偶发性响应，主设备减少发送设备数量，直到其不发生冲突为止。

根据通信网上所传输数据的性质和实时性的要求，MVB 传送三种类型的数据：过程数据（process data）、消息数据（message data）和监视数据（supervisory data）。

过程数据是那些短而紧迫、传输时间确定和有界的数据，将列车运行的控制命令和运行状态信息定义为过程数据。过程数据的传输是周期性的。

消息数据是那些非紧迫的但可能冗长的信息数据，将诊断信息、显示信息和服务功能信息定义为消息数据。过程数据的传送是非周期的，而且可以根据需要分帧传送。

监视数据是网络自身管理、维护和初始化时在通信网中传递的数据，这些数据只有在网络重构或初始化时才传递，且传递时与其他两种数据不发生冲突。

因此在列车运行时，通信网上传送的只有过程数据和消息数据，这两种数据用周期传送和非周期传送来区分。周期性和偶发性数据通信共享同一总线。但在各设备中被分别处理。周期性和偶发性数据的发送由充当主节点的一个设备控制，这就保证了确定性的介质访问。为此，主节点在基本周期中交替产生周期相和偶发相，如图 3.26 所示。

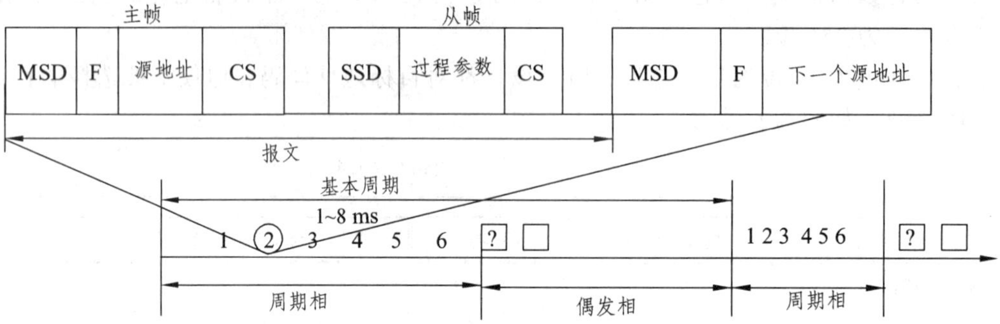

图 3.26　MVB 数据传输周期

3.3.5　MVB 冗余

MVB 采用冗余的介质和总线管理器，从而提高了系统的可靠性。

（1）介质冗余。总线控制器能在两对线上发送，但只从一对线上接收。载波检测逻辑持续监视另一对线，检查是否正常。

电气和光纤介质可以全部备份。图 3.27 展示了全备份总线，它由一个双份电气段 U，通过一双份光纤段连到一双份电气段 V。

总线也可以部分备份，双线段可通过中继器与单线段互联，如图 3.28 所示。

（2）总线管理器冗余。由于单一总线主可成为单点故障，总线主权需在几个总线管理器间转移，一个时刻只有一个总线主。

为提高可用性，总线主权可由两个或更多的总线管理器共享，它们依次执行总线主权。

在故障情况下，总线主权从一个总线管理器转移到另一个总线管理器只需几毫秒。为实现冗余，每过几秒总线主权按令牌帧转移。为此，所有总线管理器构成逻辑环，如图 3.29 所示。令牌传递机制保证只能有一个总线管理器成为总线主。

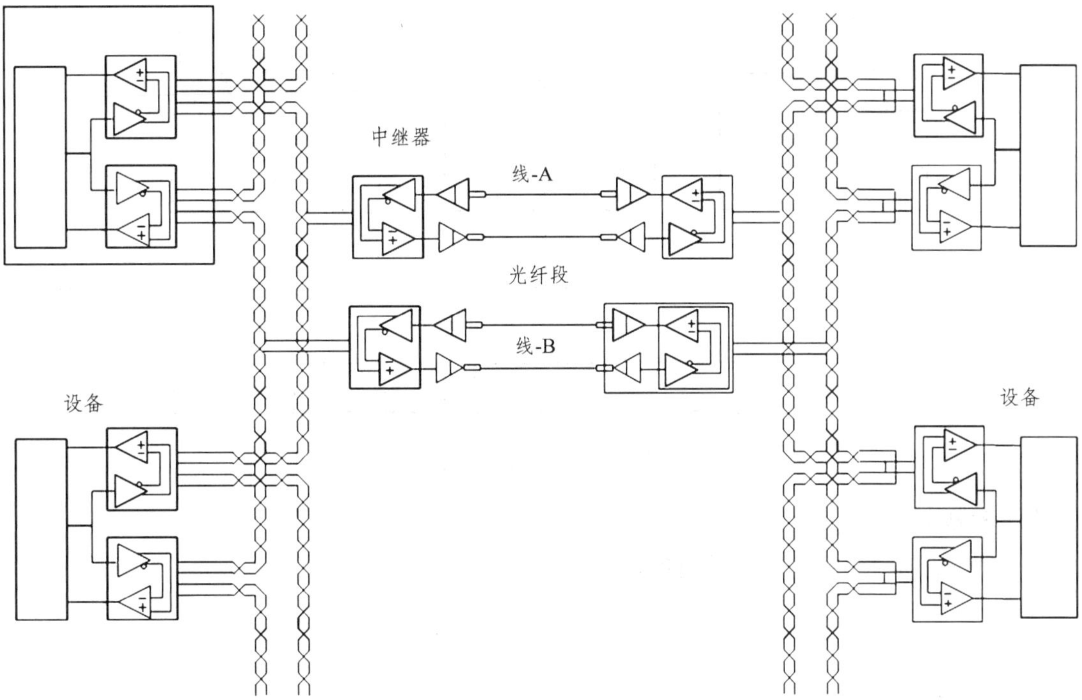

图 3.27　全备份总线

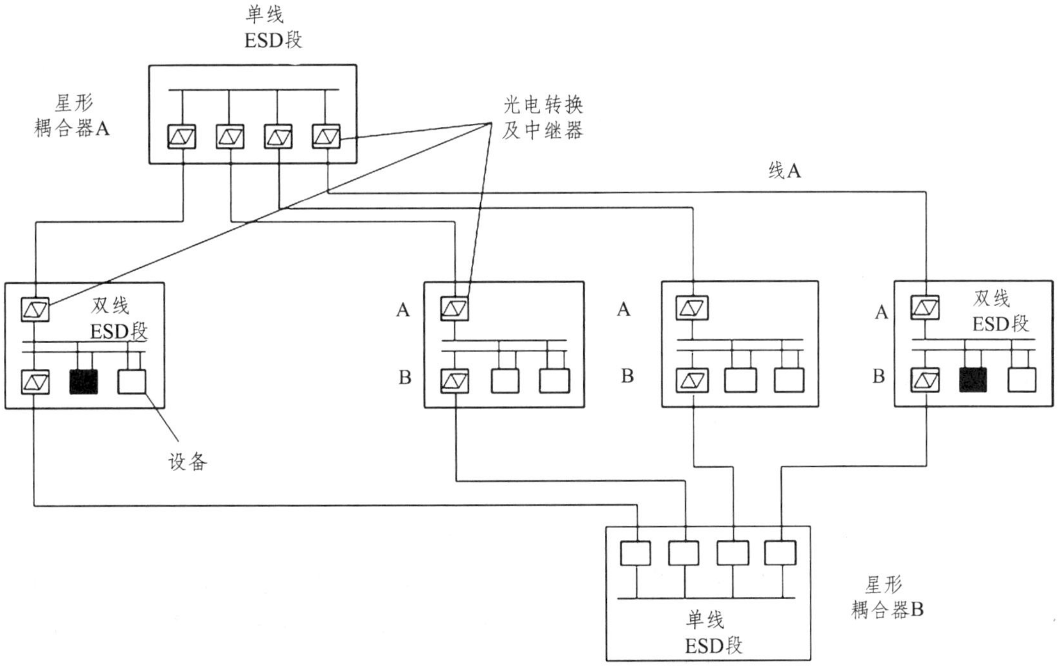

图 3.28　MVB 冗余光纤总线

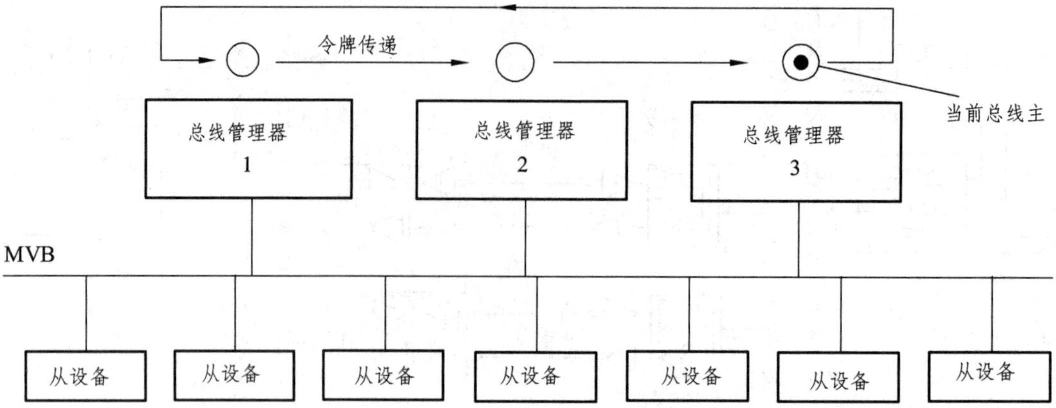

图 3.29 多主设备间的总线主权的转换

【思考题】

为什么 MVB 电气短距离介质的收、发器之间无须电气隔离？

3.4 TCN 标准（WTB）

【知识目标】

（1）理解 WTB 拓扑结构；

（2）理解 WTB 介质；

（3）理解 WTB 的介质连接装置；

（4）了解 WTB 报文；

（5）理解 WTB 的介质访问机制；

（6）掌握 WTB 初运行；

（7）了解 WTB 冗余。

【能力目标】

能够描述 WTB 总线初运行的过程。

【学习内容】

绞线式列车总线（Wire Train Bus，WTB）是一种列车级的串行通信总线，主要是为需要动态编组的开式列车或者多单元列车的车辆或单元之间建立通信连接而设计的。WTB 的传输速率为 1 Mb/s，其最大的特点是总线具有初运行功能，车辆或单元连挂后，总线段能够自动对车辆进行编址，构成新的列车拓扑结构。

WTB 是以德国 DIN 43322 列车总线的数据通信经验为基础而设计的，具有机车和动车组重联控制的能力。车辆之间的互联采用了手插式跨接电缆或自动连接器的连接方法。

3.4.1 WTB 拓扑结构

WTB 采用总线拓扑，可互联最多 32 个节点，长度最长达 860 m，更长的距离和更多的节点（最多 62 个）也可以实现。WTB 介质是由不同车辆上的电缆节连接而成的，如图 3.30 所示。

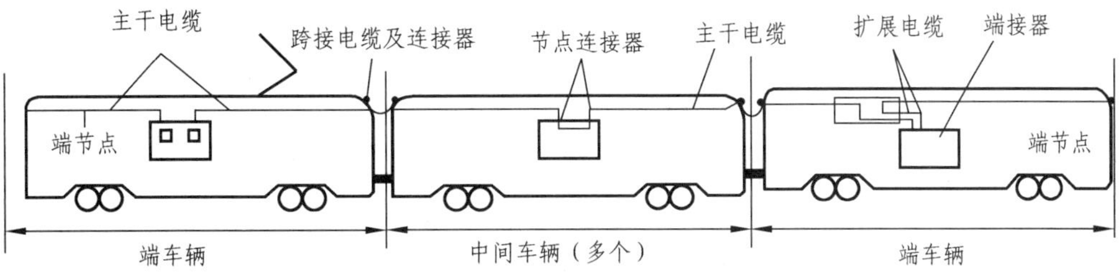

图 3.30 WTB 拓扑结构

节点可以直接或是通过扩展电缆连到主干电缆上，因为电缆没有抽头，所以它没有残段（无端接电缆节），因而扩展电缆的长度不受信号反射的限制。

位于总线中间的节点称中间节点，连接两个与它连接的总线节，有被断开的端接器；位于总线两端的节点称为端节点，端节点需用与它连接的端接器来终止两个总线节，以减少反射（端接器的电阻器与电缆的特征阻抗相匹配）。

WTB 在一给定时间内只由一个单一的总线主控制。一个节点可同时成为总线主和从节点。虽然总线主只有一个，但多个节点可成为总线主，这样为总线主故障时提供了冗余。

在总线主控制下，WTB 周期性地广播牵引和列车控制使用的过程数据；它也按需发送比较长但不太紧迫的消息数据，如旅客信息、诊断和维护信息。

在组成发生改变或节点出现故障时总线主权可以转移。当列车组成改变时，例如，车辆连挂、WTB 自动重新组态、给各节点指定地址和取向、分发新的拓扑等。

3.4.2 WTB 介质

WTB 采用屏蔽双绞线，要求有较高的机械连接性能。使用该种介质可以达到 1 Mb/s 的通信速率，长度为 860 m，对应 22 节 26 m 长的 UIC 列车（每个车辆长 26 m 再考虑弯曲增加 50%）。这种电缆最多可挂 32 个节点，因为每个车辆中可有一个以上的节点。

由于车辆的取向不可预定，电气布线通常在车辆的两个端部断开。为连接不同的车辆，WTB 可以使用密接式车钩（如城郊列车）的连接点，也可用手动插拔电缆。

WTB 电缆不能分别连到两个并行的连接器上，因为开式电缆残段（一个连接器插好，而另一个悬挂者）或并行的两个电缆（两个连接器都已插好）都会引起电气上的不连续。因此，两个跨接电缆都应该插好，每一个电缆连接不同的 WTB 线，这样自然成为冗余布线，如图 3.31 所示。

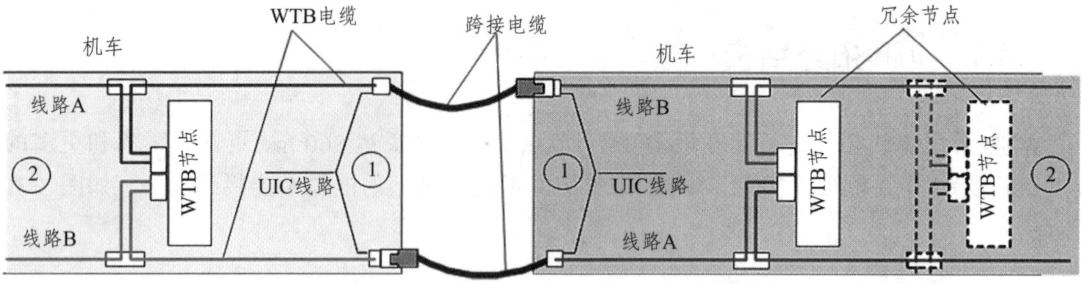

图 3.31　WTB 总线的布置（车顶视角）

3.4.3　WTB 的介质连接装置

WTB 的介质连接装置用于将网关设备连接到 WTB 上。

WTB 的介质连接装置有两个收发器，用于前后两个方向。收发器与线路电气上用变压器隔离。收发器与曼彻斯特编码/译码器相连。

每个收发器连在一个能发送和接收帧的通道上，或是主通道，或是辅助通道（两个通道可以相同）。

图 3.32 表明了一个端节点中的开关位置。当总线开关打开时，它不连总线节点，端接开关闭合时插入端接器。方向开关将主通道连到一个方向，并将辅助通道连到另一个方向。

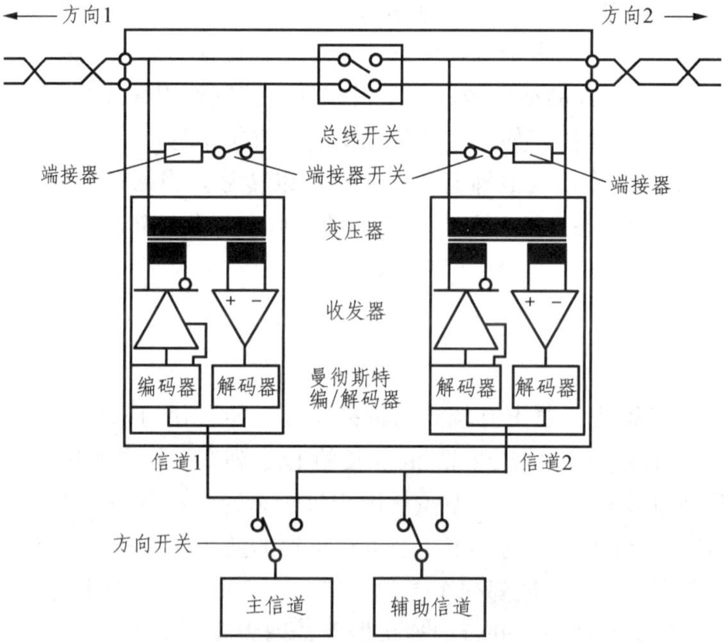

图 3.32　WTB 的介质连接装置

列车的中间节点连接总线节点，端接器解连，它只使用主通道，而断开辅助通道。

为克服车辆之间连接器触点的氧化或晶须，可选用加电清除电路，在总线上叠加直流电流，对连接器触点进行电清除。

3.4.4　WTB 报文

和 MVB 类似，WTB 报文也是由一个主帧和一个响应而发送的从帧组成的，如图 3.33 所示。总线主发送一个主帧，建立一个源从设备与一个或几个目标从设备间的通信，被选定的从设备用一个从帧响应。主帧和从帧都采用广播方式被所有节点接收。

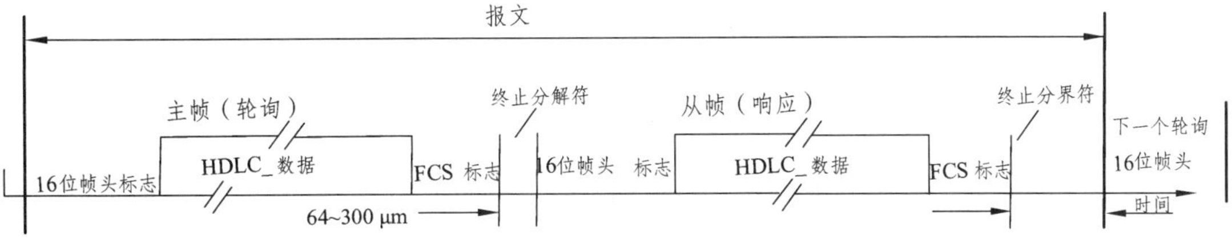

图 3.33　WTB 报文

WTB 帧的数据采用曼彻斯特信号的反相定义："1" 用位元中间的正跳变表示；"0" 用位元中间的负跳变表示。所有的帧编码相同，遵守 HDLC（ISO/IEC 3309）标准报文类型，与 MVB 类似，这里不再详述。WTB 数据帧如图 3.34 所示。

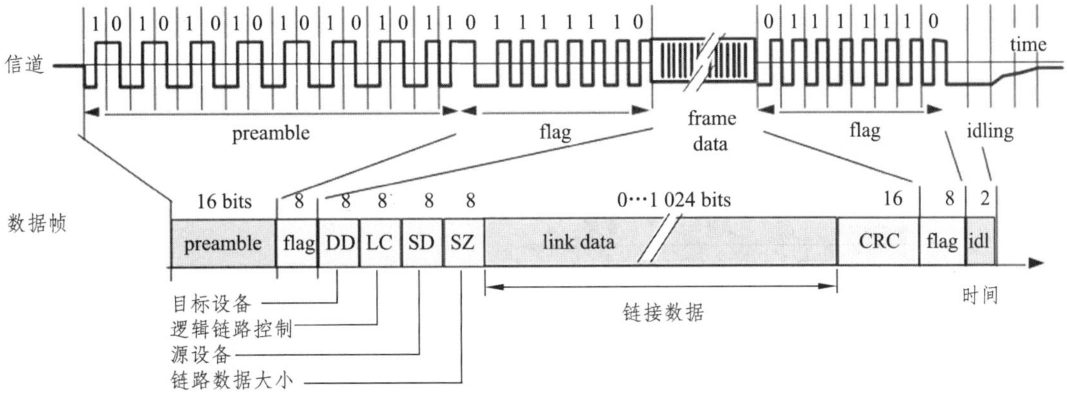

图 3.34　WTB 数据帧

3.4.5　WTB 的介质访问机制

总线主节点负责介质访问，所有其他从节点只有当总线主对其轮询时才响应。

当列车网络组成改变时，每个节点都通知总线主自己所需被轮询的周期，总线主据此建立轮询策略，如图 3.35 所示。

基本周期为 25 ms，紧迫的过程数据可以请求每个周期被轮询，不紧迫的可请求按特征周期轮询，一个特征周期是基本周期的整倍数。

随着车辆数的增加，周期相增长，偶发相收缩。对于偶发性数据，总线只要按顺序轮询节点，为缩短搜索时间，可通告有偶发性数据，则总线主在周期相后再次轮询该节点偶发数据。

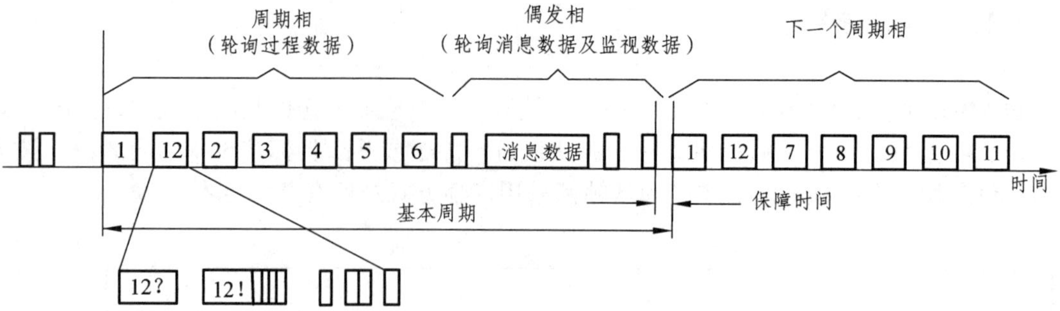

图 3.35　WTB 的介质访问周期

每个基本周期里，总线主轮询其中一个端节点；如果端节点是自身，仍然轮询自己并响应，以便让所有其他节点检测总线主的存在口。

3.4.6　WTB 初运行

列车总线主设备控制 WTB 的配置，当列车的组成改变时，即车厢被连挂或解挂时，主设备重新组态总线，这个过程叫作列车初运行。

1. 初运行规则

列车初运行过程中根据下列约定给每个节点分配一个位置地址，如图 3.36 所示。

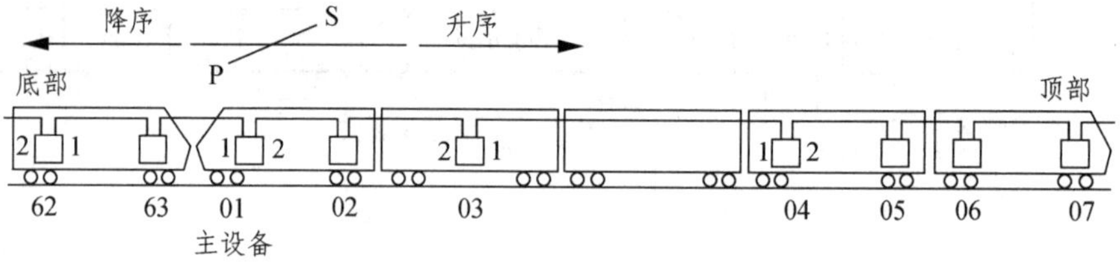

图 3.36　节点位置寻址

列车总线用相对于总线主节点的位置来标识节点，总线主节点的地址总是 01。

（1）总线主（执行初运行）接收 01 地址。

（2）总线主在方向 1 上定义“底部”，在方向 2 上定义“顶部”，而不管实际运行方向。

（3）总线主在方向 1 上以递减的次序命名节点，起始地址为 63，在那个方向上最后命名的节点称为底节点。

（4）总线主在方向 2 上以递增的次序命名节点，起始地址为 02，在这个方向上最后命名的节点称为顶节点。

（5）总线主最多可命名 62 个节点。

（6）一个未命名的节点在它的主通道和辅助通道上都以“未命名”地址来响应（两个通道可都按辅助通道考虑）。

2. 初运行过程

在初运行时，所有节点接收到一个唯一的标识它们在列车中的位置地址，节点还必须能确定列车的定向，以便区分左右，如门控制。在初运行结束时，所有节点都知道新的构形，并且总线进入常规操作。

在初运行过程中，节点和网络线段从电气上连接起来，形成一条两端都有终端连接器的单一总线。初始时，如果一个节点未被命名，它的介质连接装置便通过打开总线开关，同时在与之相连的每段的末端插入一个终端连接器的方法，把总线断开。介质连接装置的两个信道监听总线，每个信道监听一个方向（一个没命名的从设备不能发送帧）。

列车总线主设备的选择取决于应用。通常列车司机通过某种方法，比如插入一把钥匙，来选择司机室内的节点作为主设备，这个节点的编号为 01，并最终由它控制总线。

列车总线初运行（动画）

主设备通过交替地向每个方向发送检测请求帧来确定启动初运行，下一个从设备将会检测到主设备发出的帧，并用一个检测响应帧作为回答，指明自己是一个没被命名的从设备，如图 3.37 所示，图中“？”表示不确定编号。

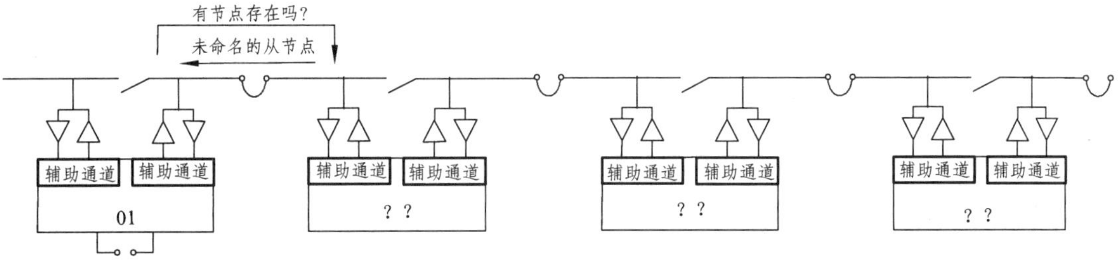

图 3.37　节点 01 检测另一节点

当主设备检测到一个方向上的没命名的从设备的回答后，它把其他通道切换到列车这一端，发送一个命名请求给没命名的设备，告诉它“你是 02 号节点”。收到这一命名请求的从节点发送一个响应给主设备，以确认它已接受地址 02，然后它把自己的标识设置为 02，并打开主设备方向上的主通道，如图 3.38 所示。

主设备不能直接询问第三个节点，因为如果不存在第三个节点，闭合总线开关，移走节点 02 的终端连接器将会使总线不能正常工作。

像主设备一样，第二个节点通过辅助通道发送检测请求帧。第三个节点（如果存在）将发回一个检测响应给 02，然后由节点 02 向主设备报告检测到一个没命名的节点。为实现这一功能，主节点要定期轮询这一方向的端节点，读取它们的检测状态，如图 3.39 所示。

如果节点 02 报告检测到了一个没命名的节点，主设备就打开 02 作为中间节点（闭合总线开关，移走终端连接器，并关闭辅助通道），这时主设备就可以直接访问节点 03，给它命名，如图 3.40 所示。

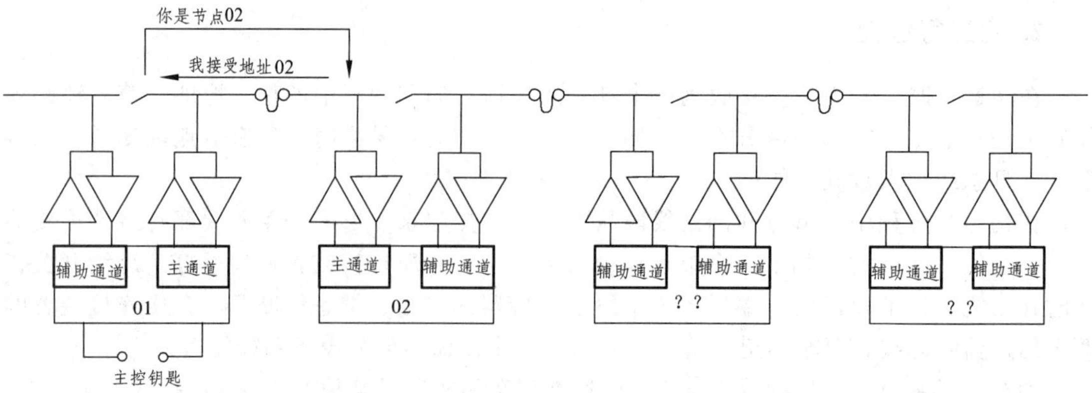

图 3.38　节点 01 给节点 02 命名

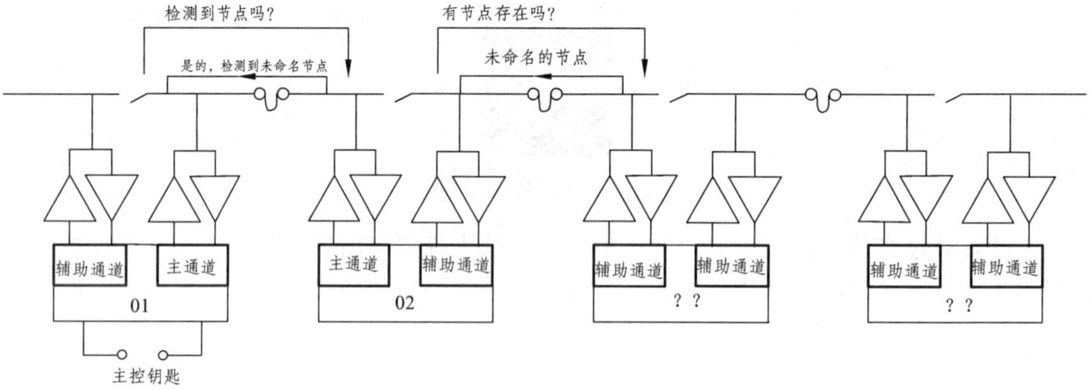

图 3.39　节点 02 检测另一节点，并向节点 01 报告

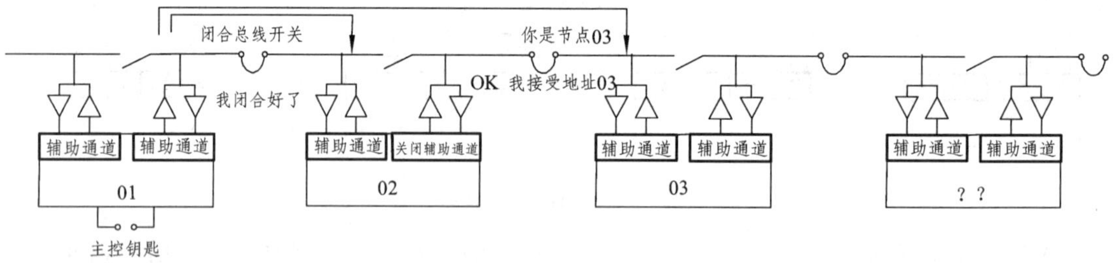

图 3.40　节点 02 拖延总线

持续这一交换直到这一方向上的所有节点都被命名。尽管导向车厢可能是推式车厢，这种情况下，由于可能的节点都位于司机室的前方，初运行时接 63、62 等给节点命名。

当端节点在一定的时间时延之内不再向主设备报告检测到其他节点时，主设备认为检测到了列车的末端。但是没有返回响应并不能安全地识别就是最后一节车厢。

3.4.7　WTB 冗余

1. WTB 的介质备份

WTB 支持介质备份方案，即电缆备份，而节点不冗余。

节点总是在两路总线上发送，每个节点只从一路总线上接收，但监视另一路总线检测它是否仍在工作。为此译码器发送一“有效数据”信号。

这样一个节点的介质连接装置，对每路总线都要有一个线路单元，如图 3.41 所示。

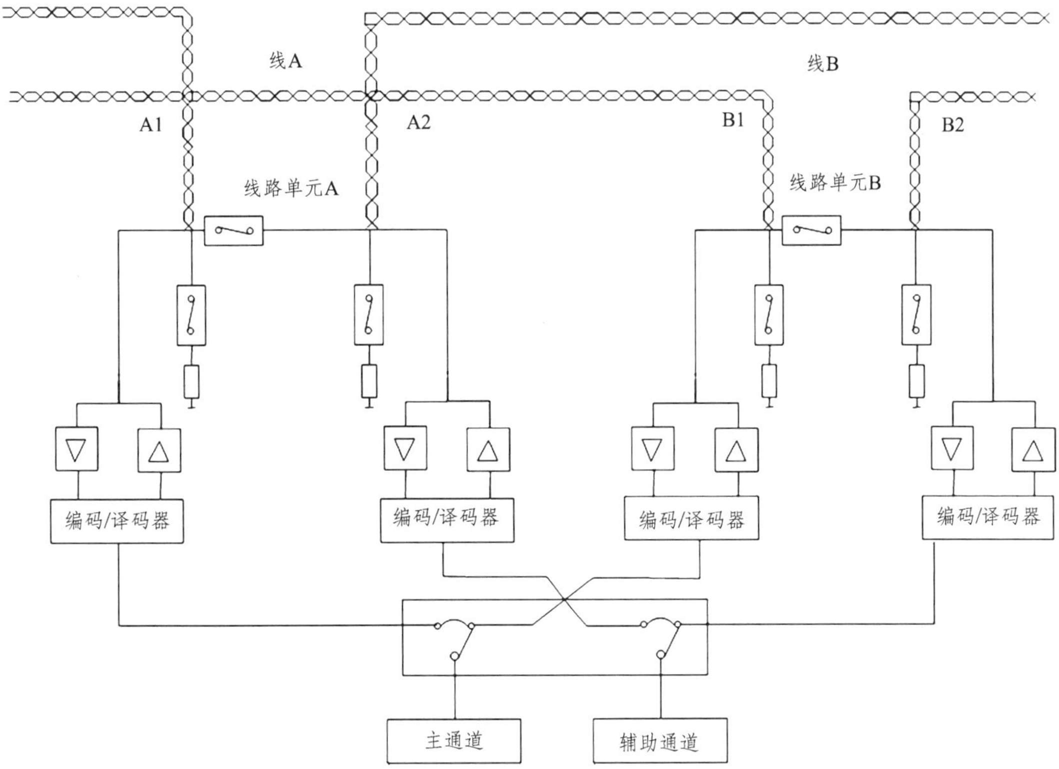

图 3.41　冗余的 WTB 介质连接装置

2. 总线主冗余

多总线主冗余结构可保证在一个单一设备故障时不会妨碍其他设备工作。弱总线主方案允许在初运行后指定一个新的总线主，为此每个节点都监视端节点的存在来监视总线活动，如果没有活动，说明总线主已丢失或线路被中断，节点将自己消名，经过一定超时后，弱节点成为弱总线主并开始对其他节点命名。这个超时取决于先前节点的地址，以防同时唤醒其他弱总线主，从而减少冲突。总线在短时内回到工作状态，该时间长短取决于节点数。

对依赖于强节点的应用，有必要指定其他的节点作为待机强节点，TCN 标准没有包含这一方法，因为它与应用密切相关，需在系统设计时确定。

WTB 标准中没有推荐强总线主冗余的机制，但可使用一个在线总线主而把其他作为待机总线主来解决强总线主冗余。两个总线主物理上是分开的，但直接同步通信，如图 3.42 所示。

待机总线主性能上类似于在线总线主，但不发送帧，它持续监视主总线主的活动，如果失效，在一定时间内停止发送，待机总线主将其取代。

对于作用非常重要的从节点，例如，动车上的节点，也可以冗余。把两条冗余线连到同一节点上会引入共模故障，因此，只有完全双份的组态才能使可靠性得到提高。

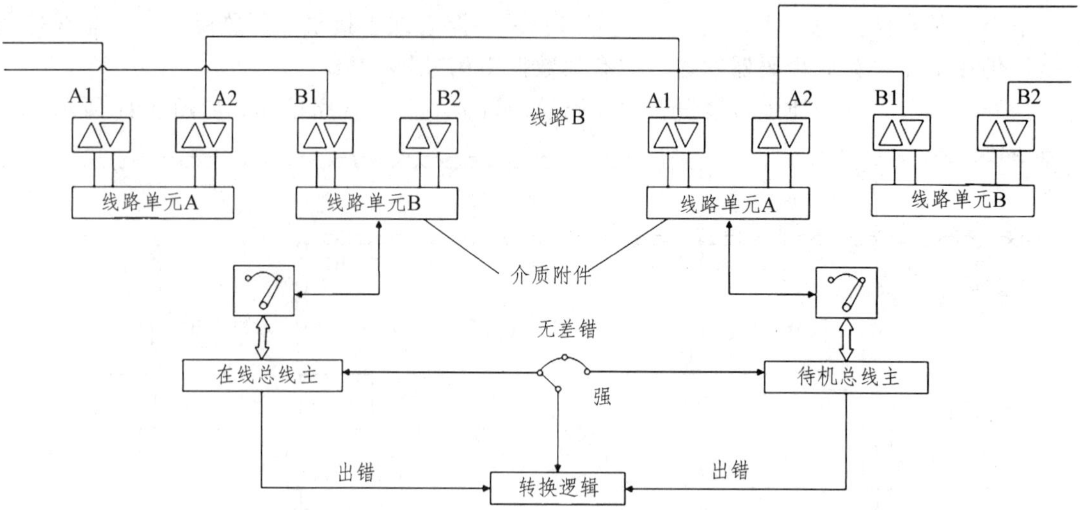

图 3.42　总线主冗余

【思考题】

地铁闭式列车能够执行初运行吗？为什么？

3.5　WorldFIP 网络

【知识目标】

（1）了解 WorldFIP 现场总线；

（2）了解 WorldFIP 现场总线的特点和功能；

（3）了解 WorldFIP 现场总线的体系结构；

（4）理解 WorldFIP 技术在列车控制网络中的应用。

【能力目标】

（1）能够描述控制系统的组成；

（2）能够描述控制系统各部分的作用。

【学习内容】

3.5.1　WorldFIP 现场总线

1987 年 3 月成立的 WorldFIP 组织以法国几家公司为主要成员开发了 FIP（Factory Instrumentation Protocol）现场总线技术。

FIP 最初为法国标准 EIP-C46-601/C46-607，后经 WorldFIP 组织推荐，于 1999 年被采纳为现场总线国际标准 IEC 61158-2，后来采纳了现场总线国际标准 IEC 61158-2，改名为 WorldFIP。现在 WorldFIP 是欧洲国家总线标准 EN 50170-3 和国际标准 IEC 61158-type7。

WorldFIP 组织是一个非营利、中立性国际组织，不附属于任何工业集团，致力于推动 WorldFIP 技术在世界范围的开发和应用，与其他一些现场总线组织不同的是，成员半数来自用户。目前已有一百多个成员，其中许多是工业控制领域的世界著名大公司，如 Honeywell、Cegelec、Alstom、Schneider 等。

3.5.2 WorldFIP 现场总线的特点和功能

1. WorldFIP 现场总线的特点

（1）通信速率高，通信距离大

WorldFIP 现场总线采用曼彻斯特编码方式，以工业屏蔽双绞线或光纤作为传输介质，其中双绞线方式具有 31.25 kb/s、1 Mb/s 及 2.5 Mb/s 三种标准速率，在三种标准速率下的最大通信距离分别为 5 km、1 km 和 500 m，通过网络中继器，总线可分别扩展到 20 km、5 km 和 2 km。

（2）效率高

WorldFIP 现场总线最长支持 128 字节变量报文或 256 字节消息报文，根据计算，其最大通信效率能达到 88.99%。

（3）实时性强

WorldFIP 现场总线对传输介质的调度使用方式类似于令牌网，各通信站的数据可以在预先确定的时间内通过网络传输。这种方式不存在介质使用碰撞问题，非常适合于对传输时间具有严格要求的场合，如各种分散式控制系统、分散式数据采集系统等。

（4）误码率低

WorldFIP 现场总线报文自带 CRC 校验（循环冗余校验）功能，数据校验功能由通信控制器完成，报文不可检错概率小，据统计采用 1 Mb/s 速率，其误码在 20 年中不会超过一帧。

（5）介质冗余

通信控制器连接两路独立的传输介质，在双介质运行时，两路介质相互备用。当某一介质发生断线、短路等故障而造成通信中断时，通信控制器会自动将通信数据无缝切换到另一路无故障介质上，并能保证数据的完整性及正确性，不需要应用程序的干预，极大地增强了通信的可靠性。

（6）抗电磁干扰性强

WorldFIP 现场总线采用曼彻斯特编码方式并利用磁性变压器隔离，具有良好的抗电磁干扰能力，根据测试，在 EMCⅢ级干扰条件下，能保证正常通信。

2. WorldFIP 现场总线的功能

（1）实用性

WorldFIP 采用 IEC 物理层标准，支持电缆冗余，大部分协议固化在硬件上，稳定性强。

（2）同步性

生产者/使用者和总线仲裁器的调度方式保证了在一条总线上的传递大量信息的同时，

不会干扰实时变量的通信。

（3）实时性

通信模式支持后台传输消息、周期和事件变量，保证诊断信息传输不影响实时控制。

（4）较好的抗干扰能力

能完全满足 IEC 关于电磁兼容性 EMC 标准，提高了可靠性。

（5）通信协议单一

WorldFIP 现场总线不论低速还是高速，只有一套通信协议，所以不需要任何网桥和网关，低速与高速网络的衔接只用软件完成。

3.5.3 WorldFIP 现场总线的体系结构

WorldFIP 采用了三层结构：物理层、数据链路层和应用层，如图 3.43 所示。

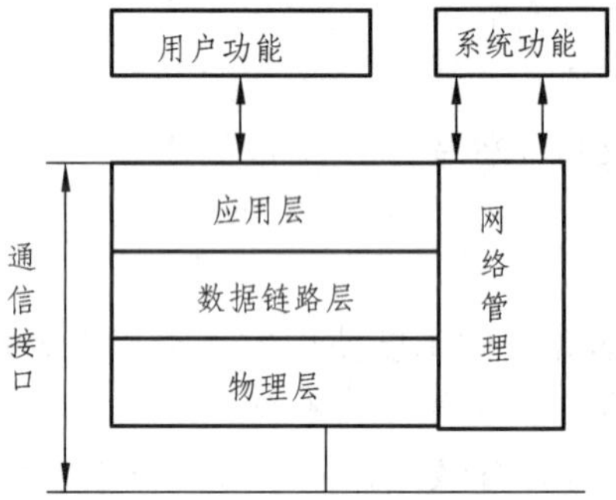

图 3.43　WorldFIP 三层体系结构

1. 物理层

物理层的传输介质为屏蔽双绞线或光纤。物理层有专用线路驱动芯片管理介质冗余。在一条通道出现故障的情况下，另一条能自动切入。物理层具有信号检错并通知网络管理和杂音侦听并中断链路层服务的机制。传输速率与传输距离的关系如表 3.2 所示。

表 3.2　传输速率与传输距离的关系

传输速率	双绞线介质传输最大距离	光纤介质传输最大距离
31.25 kb/s	5 ~ 20 km	40 km
1 Mb/s（典型值）	1 ~ 4 km	
2.5 Mb/s	500 ~ 1 500 km	
5 Mb/s	300 ~ 700 m	
25 Mb/s	80 ~ 200 m	

双绞线介质的拓扑结构和介质冗余时的拓扑结构如图 3.44 和图 3.45 所示。

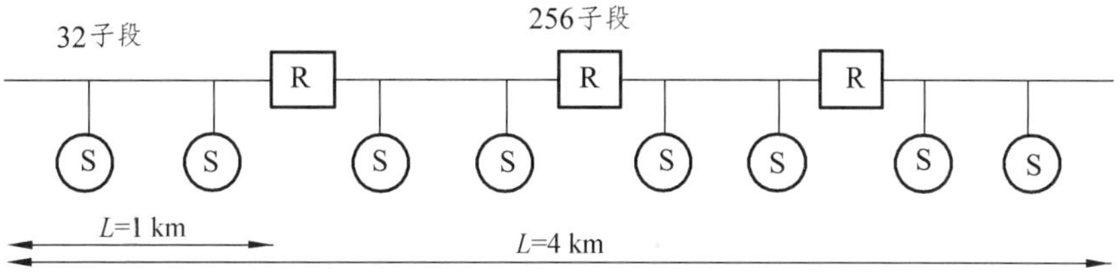

图 3.44　双绞线介质的拓扑结构

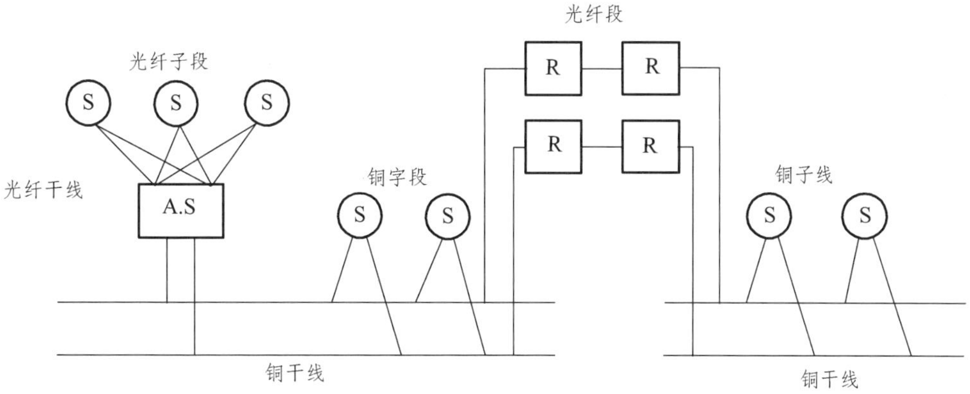

图 3.45　介质冗余的拓扑结构

每个子段最多可有 32 个物理连接点，通过使用分线盒可以连接 256 个站点，整个网络最多使用 3 个中继器连接 4 个子段。连接到 WorldFIP 总线上的设备从网络角度看，可称为“站点”，执行两种功能：

（1）总线仲裁器：管理对传输介质的访问（只调度通信，不调度进程）。

（2）产生者/使用者功能：向总线发布/从总线接收信息，也称“工作站”功能。任何一个站点可以同时具备两种功能，但在任何一个给定的时刻，整个网络上只能有一个站点执行总线仲裁功能。所有要传递的变量均由一个 16 位的逻辑地址来标识。每一个变量的值只能由一个“产生者”产生，可为一个或多个“使用者”所使用。

2. 数据链路层

数据链路层负责数据的传输、查错、访问控制，具有周期和非周期两种数据交换，变量寻址和报文寻址两种寻址空间，采用生产者/消费者、单播和多播等通信模式，基于总线仲裁器（BA）的集中式介质访问控制。总线仲裁器和生产者分别具有时空唯一性。

WorldFIP 使用两种类型的帧：询问帧（ID-DAT）和响应帧（RP-DAT）。

WorldFIP 使用曼彻斯特码进行编码和解码，可以同时传递数据和时间同步信号。

每帧由三部分组成：帧起始序列（FSS）、数据和控制段（CAD）、帧结束序列（FED）。图 3.46 为 WorldFLP 的帧格式。

图 3.46　WorldFLP 的帧格式

3. 应用层

WorldFIP 应用层提供变量和消息两种访问服务。

4. WorldFIP 的数据类型

WorldFIP 现场总线定义了物理层、数据链路层和应用层三层通信协议，结构相对简单。数据链路层 WorldFIP 协议提供了变量及消息两种传输机制，WorldFIP 总线上允许三种类型的数据同时传递，如表 3.3 所示。

表 3.3 WorldFIP 的数据类型

数据类型	场 合	特 点
周期变量	时间严格的闭环控制	总在传递，针对控制
事件变量	显示、报警	有要求或状态改变时传递
消息报文	诊断、维护	非临界时间，针对信息服务

变量是指周期性地在网络传输数据包，每一个变量有一个唯一的 16 位数据标识，这种周期性报文根据预先设定的时间周期性地在网络上传输，在实际应用中通常被用于传输实时状态及控制信息，如控制现场 I/O 实时状态、各种现场遥测值等。

消息主要用于传输一些诸如配置信息、诊断信息及事件信息等非周期性数据，消息只有在应用程序提出传输申请后一次性地在网络上传输。

3.5.4 WorldFIP 技术在列车控制网络中的应用

WorldFIP 技术已经被广泛使用在世界上 70 多个国家的能源、化工、电力、空间技术、汽车制造等工业领域。因此，法国 ALSTOM 公司将 WorldFIP 作为标准通信协议，在其基础上开发了 AGATE 列车控制系统，成功地应用于 TGV 高速列车、城市轨道交通领域，并且有速度为 574.8 km/h 的世界最高轮轨车辆的运行纪录。

1. AGATE Control 子系统

AGATE Control 子系统应用于列车牵引电机和制动的实时控制，有两种不同的应用版本：AGATE Control 3 和 AGATE Control 3X，能够与 AGATE 列车控制系统的其他产品完全兼容。

AGATE Control 3 设计应用于电力机车和双层电动车组（EMU）的高压牵引变换（high power traction inserters），在同一个 6U 机箱中实现监视和转换控制。

AGATE Control 3X 设计应用于动力分散的地铁和轻轨的牵引控制，以达到较高的牵引加速度。系统由一个或多个分散在不同 3U21 和 6U 机箱中的监视和转换控制单元组成。

AGATE Control 子系统有以下特点：

① 采用模块化设计，可实现快速有效的操作；

② 使用了成熟可靠的模块；
③ 主要子系统功能的标准化；
④ 具有各自通信网关来完成与其他网络的通信（如 LON、CAN、FIP、TCN 网络）；
⑤ 具有内置的自动测试功能；
⑥ 采用即插即用技术；
⑦ 采用最新的计算机技术，包括 Compact PCI 体系结构和 FPGA 元件。

2. AGATE Aux 子系统

AGATE Aux 子系统被用于列车的静态逆变器和电池的充电控制，具有集成、模块化和低成本的特点。AGATE Aux 子系统也有两种应用版本：AGATE Aux Mini 和 AGATE Aux Opti。

AGATE Aux Opti 能够实现对宽电压波动的控制。AGATE Aux Opti 配上网卡，能够与 AGATE Link 列车控制和监视系统进行通信。AGATE Aux Mini 是一种集成化的产品，用于一个逆变器或一个电池的控制，它有具有 CPU 或无 CPU 两种版本。

AGATE Aux 具有以下特点：
① 能够方便地根据用户的需求进行功能与软件的修改；
② 噪声小；
③ 操作温度范围：−25 ~ +70 °C；
④ 平均无故障时间：40 000 h；
⑤ 快速保护时间：30 μs。

3. AGATE Link 子系统

AGATE Link 是列车控制与监视系统，具有监视和管理列车上所有电气设备的功能。因此，通过监视列车的各个子系统，能够快速、准确地提供列车出现的故障，是列车维护的一种非常有效的工具。AGATE 技术平台的其他产品，如 AGATE Control、AGATE Aux 和 AGATE e-media 都被设计成与 AGATE Link 集成的方式。AGATE Link 产品范围包括各种基本模块，能够满足不同的应用需要。
① 计算模块；
② 远程输出模块；
③ 司机驾驶台；
④ GPS 定位模块；
⑤ 无线数据传输；
⑥ 车载网络通信系统；
⑦ 具有与其他系统连接的扩展能力，以满足车载设备的需要。

4. AGATE e-Media 子系统

AGATE e-Media 子系统是旅客信息系统，用于列车实时的多媒体信息和娱乐系统。目前，车载旅客信息和娱乐功能不再被视为是一种可选或奢侈的功能，随着竞争的加剧，对于旅客列车，不仅期望也非常需要实现实时通信和娱乐功能。

AGATE e-Media 旅客信息系统能够增加乘客的旅行舒适性。AGATE e-Media 能够提供到站信息、实时的重要信息和新闻，也能够发布各种广告。其网络拓扑结构如图 3.47 和图 3.48 所示。

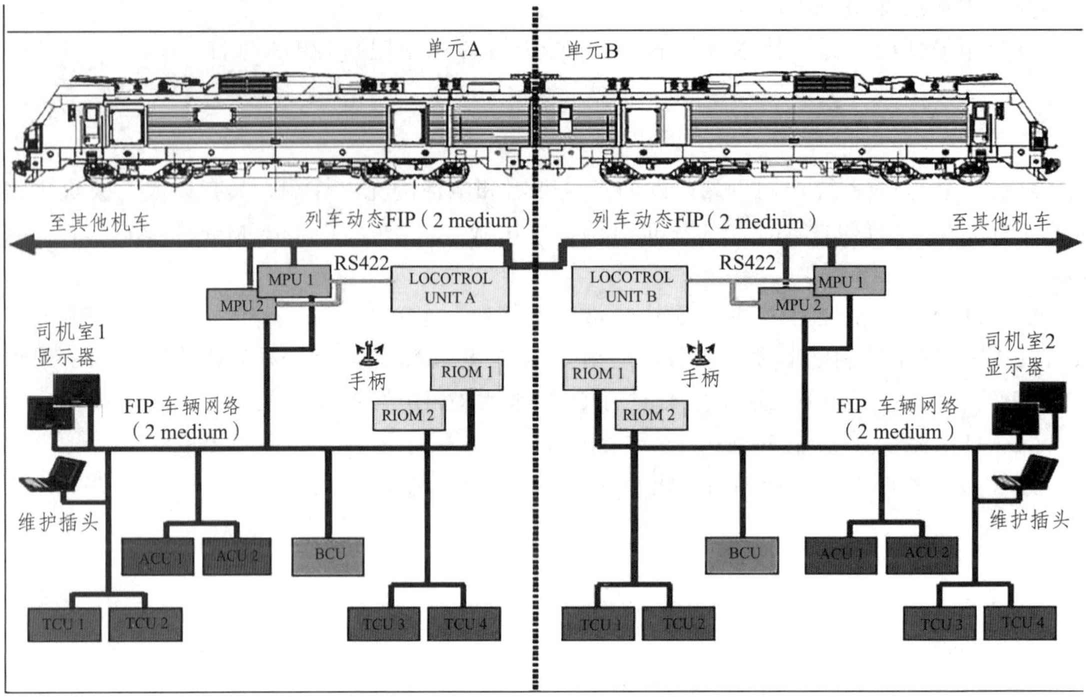

图 3.47　AGATE 网络拓扑结构

【思考题】

WorldFIP 现场总线有哪些特点？与 TCN 相比有何优势？

3.6　CAN 总线

【知识目标】

（1）了解 CAN 概述；

（2）理解 CAN 的技术特点；

（3）了解影响总线长度的主要因素；

（4）理解 CAN 总线上的电平；

（5）了解 CAN 通信模型；

（6）了解通信介质及网络拓扑；

（7）了解 CAN 总线有关器件；

（8）了解 CAN 总线在列车中的应用。

【能力目标】

能够描述 CAN 总线上的电平。

【学习内容】

3.6.1 CAN 概述

CAN，全称为“Controller Area Network”，即控制器局域网络。CAN 最初是由德国的 Bosch 公司为汽车监测、控制系统而设计的，是国际上应用最广泛的现场总线之一。最初，CAN 被设计作为汽车环境中的微控制器通信，在各车载电子控制装置（ECU）之间交换信息，形成汽车电子控制网络。

汽车领域：发动机的定时、注油控制，加速、刹车控制（ASC）及复杂的防抱死刹车系统（ABS），这些控制需检测及交换大量数据。

轨道交通车辆领域：牵引、制动、门控、空调、照明控制、故障诊断等需要大量的状态数据和控制指令。

CAN 在各种领域的应用和推广，对其通信格式的标准化提出了要求。为此，1991 年 9 月 Philips Semiconductors 制定并发布了 CAN 技术规范（Version 2.0）。

该技术规范包括 A 和 B 两部分：

（1）CAN 技术规范 2.0A 给出了报文标准格式；

（2）CAN 技术规范 2.0B 给出了标准和扩展的两种报文格式。

3.6.2 CAN 的技术特点

（1）CAN 为多主工作方式，网络上任一节点均可在任意时刻主动地向网络上其他节点发送信息，而不分主从，通信方式灵活，且无须站地址等节点信息。利用这一特点可方便地构成多机备份系统。

（2）CAN 网络上的节点信息分成不同的优先级，可满足不同的实时要求，高优先级的数据最多可在 134 μs 内得到传输。

（3）CAN 采用非破坏性总线仲裁技术，当多个节点同时向总线发送信息时，优先级较低的节点会主动地退出发送，而最高优先级的节点可不受影响地继续传输数据，从而大大节省了总线冲突仲裁时间，尤其是在网络负载很重的情况下，也不会出现网络瘫痪情况（以太网则可能）。

（4）CAN 只需通过报文滤波即可实现点对点、一点对多点及全局广播等几种方式传送接收数据，无须专门的“调度”。

（5）CAN 的直接通信距离最远可达 10 km（速率 5 kb/s 以下）；通信速率最高可达 1 Mb/s（此时通信距离最长为 40 m）。

（6）CAN 上的节点数主要取决于总线驱动电压，目前可达 110 个；报文标识符可达 2 032 种（CAN2.0A），而扩展标准（CAN2.0B）的报文标识符几乎不受限制。

（7）采用短帧结构，传输时间短，受干扰概率低，具有极好的检错效果。

（8）CAN 的每帧信息都有 CRC 校验及其他检错措施，保证了数据出错率极低。

（9）CAN 的通信介质可为双绞线、同轴电缆或光纤，选择灵活。

（10）CAN 节点在错误严重的情况下具有自动关闭输出功能，以使总线上其他节点的操作不受影响。

3.6.3 影响总线长度的主要因素

1. 通信应答机制

CAN 总线通信的应答机制，即成功接收一帧报文的接点必须在应答场的“应答间隙”期间发送一位“显性位”，表示成功接收到一帧数据。

如：通信速率为 250 kb/s，传送 1 b 所需的时间为

$$\frac{1}{250}\times 1\,000 = 4\,(\mu s)$$

那么，该信号在总线上的延时时间必须小于 2 μs 才能保证发送接点成功地在应答间隙期间接收到该“显性电平”。

任何一根导线都可以简化为如图 3.48 所示的电路模型，可以看到，其中既有电感又有电容，因此，电流在其中传输并不是光速，而是需要一定的时间。

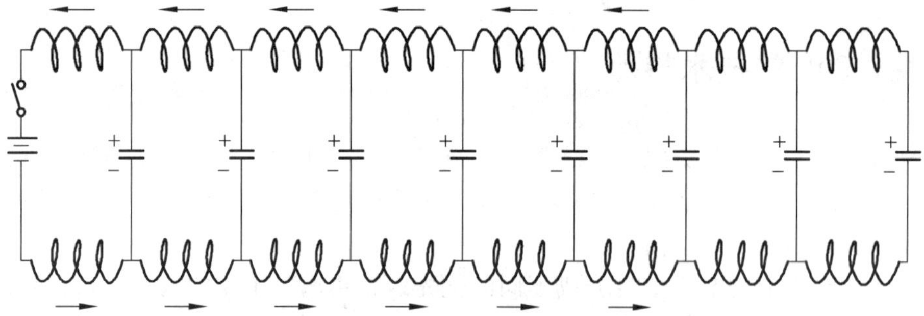

图 3.48　双绞线简化后的 CAN 总线电路模型

2. 数据传输时延

对于双绞线而言，信号在其中的传播延时时间约为 5 ns/m（典型值）。当通信速率达到 1 Mb/s 时，40 m 的总线长度，延时时间就达到 200 ns，而允许延时时间为 600 ns 左右。

由上面的分析可知：总线通信速率越高，通信距离越短，对物理传输线的要求就越高，在双绞线、屏蔽线还是其他的传输线选择上，通信速率是一个很关键的参数。

影响总线长度的其他因素如下：

① 信号在接点 ECU 内部的延时时间；

② 振荡器的容差（各个接点 ECU 内部晶振频率的差别）。

这些因素加起来就形成了 CAN 总线通信中总的信号延时。表 3.4 为总线长度与电缆特性的关系。

表 3.4 总线长度与电缆特性的关系

总线长度	电缆		终端电阻	最大比特率
	直流电阻率	导线截面面积		
0 ~ 40 m	70 Ω/m	0.25 ~ 0.34 mm^2	124 mΩ/1%	1 Mb/s
40 ~ 300 m	<60 Ω/m	0.34 ~ 0.6 mm^2	127 mΩ/1%	>500 kb/s
300 ~ 600 m	<40 Ω/m	0.5 ~ 0.6 mm^2	127 mΩ/1%	>100 kb/s
600 ~ 1 000 m	<20 Ω/m	0.75 ~ 0.8 mm^2	127 mΩ/1%	>50 kb/s

电缆交流参数推荐值：120 Ω 特征电阻、5 ns/m 延时。为了把电缆直流电阻引起的电压衰减降到最小，较大的终端电阻值（例如选用非标准的 150 ~ 300 Ω；而在 1SO11898 标准中，提供的参考价值为“118 Ω<R<130 Ω”）有助于增加总线长度。

3.6.4 CAN 总线上的电平

CAN2.0A/B 标准规定：

（1）总线空闲时：CAN_H 和 CAN_L 上的电压为 2.5 V。

（2）在数据传输时：

① 显性电平（逻辑 0）：CAN_H 上的电压为 3.5 V，CAN_L 上的电压为 1.5 V；

② 隐性电平（逻辑 1）：CAN_H 上的电压为 2.5 V，CAN_L 上的电压为 2.5 V。

如图 3.49 表示 CAN 总线上的电平。

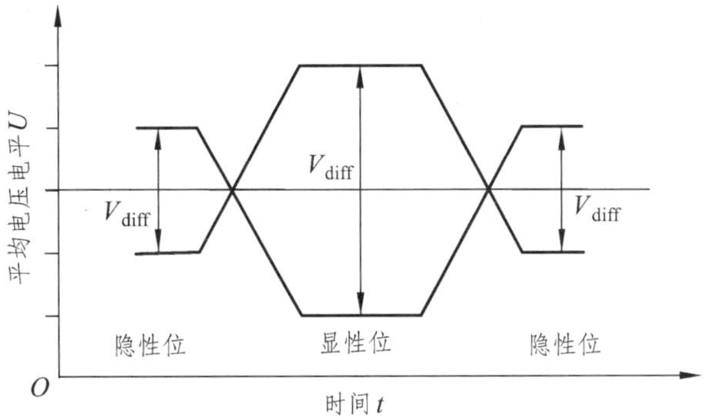

图 3.49 CAN 总线上的电平

3.6.5 CAN 通信模型

CAN 总线只采用了 OSI 参考模型中的两层：物理层和数据连路层，如表 3.5 所示。

表 3.5　CAN 通信模型

逻辑链路控制（LLC） 媒体访问控制（MAC）	数据链路层
物理信令（Physical Signal Lins，PSL） 物理媒体附件（Physical Attachment，PMA） 媒体接口（Medium Dependent Interface，MDI）	物理层

（1）数据链路层：接收滤波、超载通知以及应答、帧编码、数据封装拆装、媒体访问管理、出错检测等。

（2）物理层：电气连接、实现驱动器/接收器特性、定时、同步、位编码/解码等。

（3）CAN 的分层结构和功能如图 3.50 所示。

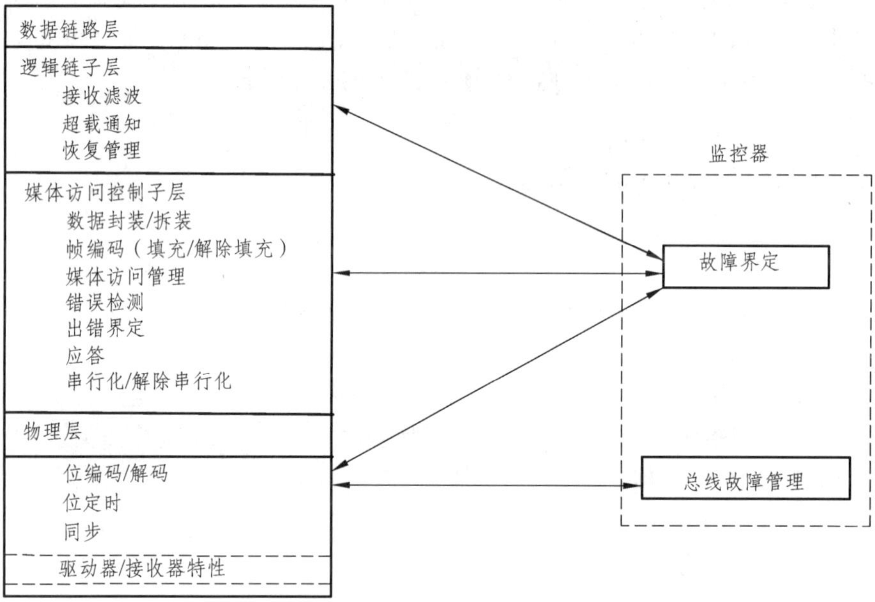

图 3.50　CAN 的分层结构和功能

3.6.6　通信介质及网络拓扑

通信介质可选双绞线、光纤，编码方式为 RS-485（NRZ），通信速率最高为 1 Mb/s（40 m），拓扑形式为总线型，如图 3.51 所示。

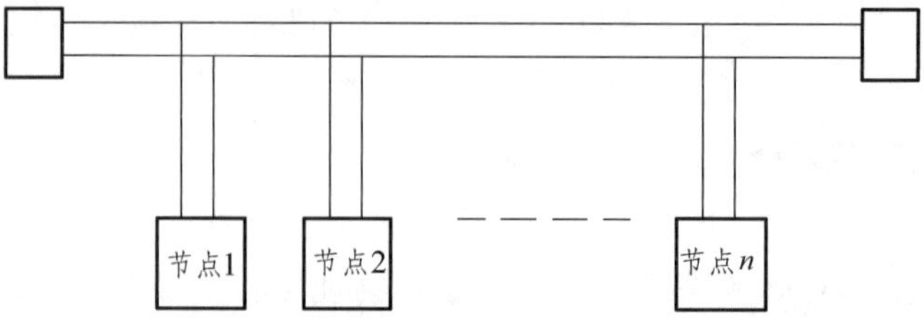

图 3.51　CAN 总线网络结构

3.6.7 CAN 总线有关器件

CAN 的通信协议主要由 CAN 控制器完成。

CAN 控制器主要由两部分电路组成：

（1）实现 CAN 总线协议部分；

（2）与微控制器接口部分。

注意：对于不同型号的 CAN 总线通信控制器，实现 CAN 协议部分电路的结构和功能大都相同，而与微控制器接口部分的结构及方式存在差异。

1. CAN 总线控制器 SJA1000

SJA1000 是一种独立的 CAN 控制器。它是 PHILIPS 公司的 A82C200 CAN 控制器的替代产品。SJA1000 具有 Basic CAN 和 Peli CAN 两种工作方式。Peli CAN 工作方式支持具有很多新特性的 CAN 2.0B 协议，如图 3.52 所示。

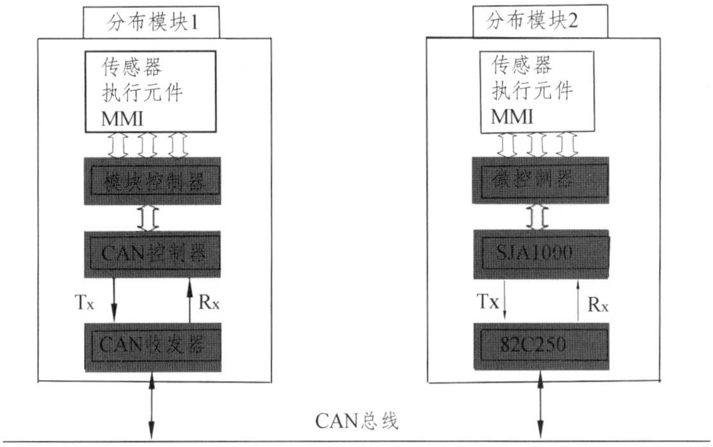

图 3.52 Peli CAN 工作方式

CAN 控制器 SJA1000 在系统中的位置如图 3.53 所示。

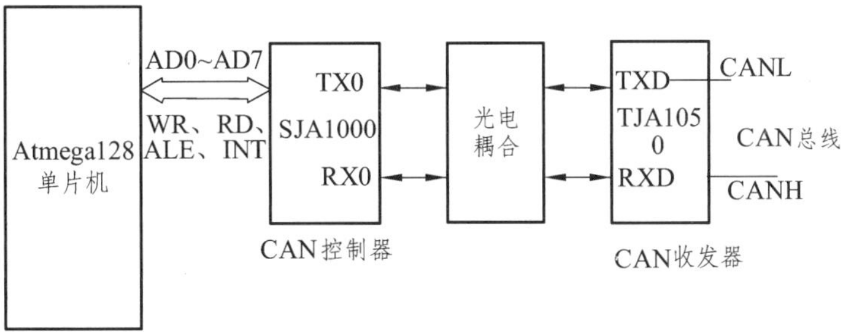

图 3.53 CAN 控制器 SJA1000 在系统中的位置

2. SJA1000 接口电路

SJA1000 与单片机典型接口电路如图 3.54 所示。

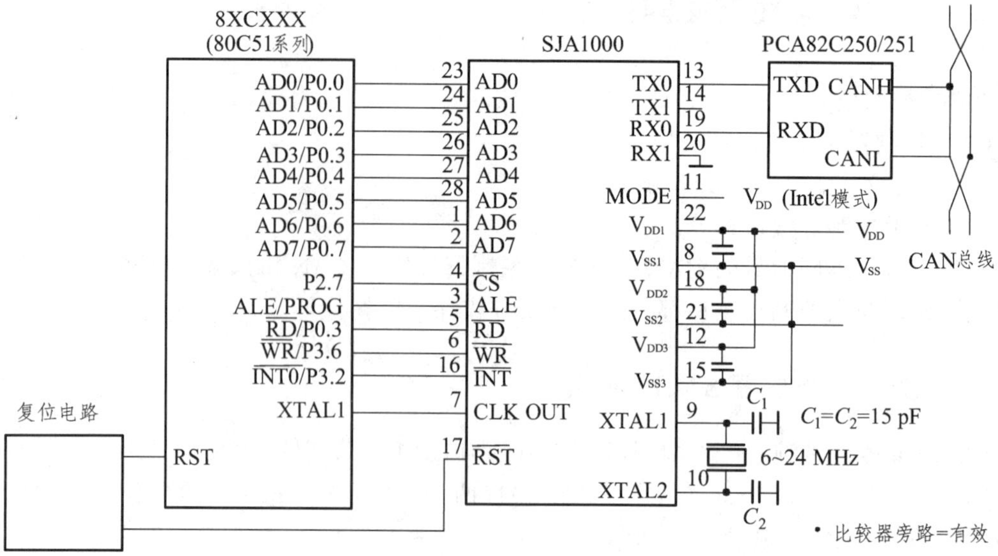

图 3.54　CAN 总线系统智能节点硬件设计

3.6.8　CAN 总线在列车中的应用

1. 磁悬浮列车车载微机监控系统

国防科技大学成功研制了 CMS-3 型中低速磁悬浮列车车载微机监控系统及其通信网络，该微机监控系统从网络结构上分为车辆级控制层和列车级控制层。

车辆级控制层完成本节车设备的控制与监测，每节车设备通过车辆总线互联，与安全有关的重要控制信号采用硬连线，如悬浮控制、推进、制动和电源开关等；而有关设备的详细工况通过总线传递。所有控制信号也可通过总线下发，但一般正常情况不用。车辆总线采用 CAN 总线，考虑车载的部分设备只有 RS-485 或 RS-232 通信接口，为此，专门开发了 CAN 与 RS-485 和 RS-232 的总线转换接口板。车辆级监控计算机由 PLC 和车辆总线控制器组成。

列车级控制层主要由首尾的列车级监控计算机系统（完成 ATO 的功能）、安全监控计算机系统（完成 ATP 的功能）、液晶显示微机以及列车总线和总线设备组成，如图 3.55 所示。

2. 微机系统的数据通信

列车通信网是列车分布式多微机监控系统必须运用的技术。根据 TCN 参考标准，列车通信网可由连接列车各个车辆的列车总线、连接车辆内各个设备的车辆总线及连接在各个设备上的设备总线组成。列车通信网的数据传输要求可靠、快速、准确、抗干扰性强。

车辆总线是用以连接车辆内各个设备的，CAN 总线用作车辆总线时要考虑到 CAN 总线的通信距离与波特率关系，需要详细规划车辆总线的总体布置，以缩短通信连线的距离，从而提高波特率。CAN 总线采用的是短帧结构，因此尽量压缩数据帧的长度。

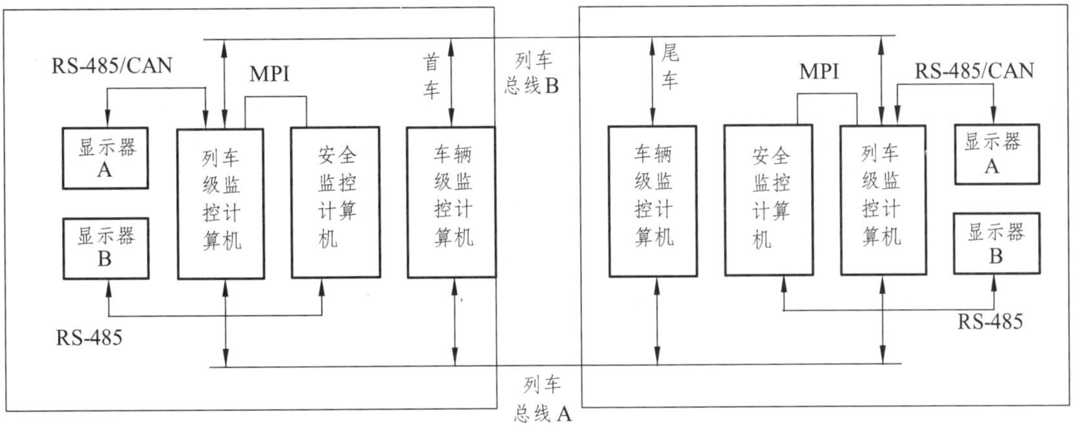

图 3.55　基于 CAN 总线的列车网络

在每节车辆中，16 个悬浮控制器中都嵌入了 CAN 总线接口，一辆车中减少布线近 200 根，从而提高了整个系统的可靠性。通过压缩和组合，把每个悬浮控制器向上发送的数据确定为 1 帧，因此，简单的 CAN 总线协议可不加修改地应用到车辆设备的互联中。在本节车上，车辆级 CAN 总线节点达 21 个，传输速率为 100 kb/s。对于连接各车辆节点的列车总线，要求传输的数据量很大，不但要传送过程数据，而且也要传送消息数据。因此，相对简单的协议显然不太适合在列车总线通信网上应用。为解决此问题，重新定义了 CAN 总线的应用层协议。该协议基于对称型多主网络结构，支持广播和点对点，可传送命令和数据。

为了便于列车总线的冗余，布置了 2 条贯穿全列车的 CAN 总线通信线，设计了考虑冗余且基于 CAN 总线的列车总线通信控制器，2 条列车总线采用热备方式，并且每个挂在列车总线的设备都有 2 个 CAN 总线控制器，以保证通信的可靠性，其中一条线断了或某个节点的一个 CAN 控制器故障，都会自动进行切换。

3. 在机车重联中的应用

2001 年大连机车车辆工厂生产的“神州号”2M10T 内燃动车组有 5 列采用了 LonWorks 技术实现重联控制，其余 5 列采用了 CAN 总线来实现双通道、热备份工作方式的动车重联，如图 3.56 所示。

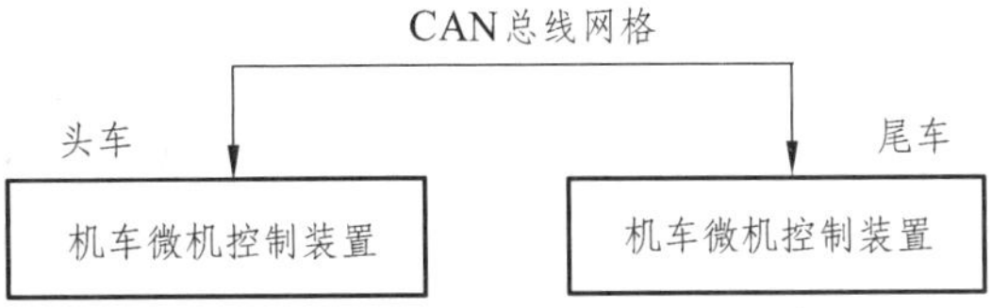

图 3.56　CAN 总线在机车重联中的应用

【思考题】

CAN 总线网络有哪些特点？采用什么样的网络拓扑结构？

课题 4 列车网络控制系统

4.1 列车网络控制系统的应用

【知识目标】

（1）了解 SIBAS 系统；

（2）理解 MITRAC 系统；

（3）了解 AGATE 系统；

（4）了解 TIS 系统；

（5）了解 DTECS 系统。

【能力目标】

能够从通信网络的角度区别各个网络控制系统。

网络技术引入列车控制系统后，各个国家都根据本国国情，依托本国的资源优势，开发出了不同的列车网络控制系统。其中比较典型的有德国西门子的 SIBAS 系统、加拿大庞巴迪的 MITRAC 系统、法国阿尔斯通的 AGATE 系统、日本新干线的列车信息系统——TIS 系统，以及我国株洲时代电气集团公司的 DTECS 系统等。

4.1.1 SIBAS 系统

SIBAS 系统是德国西门子公司提供的列车控制系统，它能够实现列车牵引系统控制、信息传输、运行监控和诊断等全部控制任务。SIBAS 系统目前有 SIBAS-16 和 SIBAS-32 两个系列，主要运用于我国早期的西门子进口城市轨道交通地铁车辆中，如上海地铁 1、2 号线车辆使用的 SIBAS-16 控制系统，广州地铁 1 号线车辆使用的 SIBAS-32 控制系统。

SIBAS-16 是典型的第一代微机控制系统，核心部件有 16 位的 8086 型微处理器构成的中央计算机、存储器组件以及一个或多个控制机（8088，80C188）组成。该系统采用集中式机箱和插件式机械结构，控制系统由中央控制器集中管理，采用分层结构，即列车控制层、机车控制层和传动层；采用多个串行总线系统，在传输速度和运行记录方面能满足列车控制的影响要求。SIBAS-16 本质上还不能算是一个分布式的列车网络控制系统。

SIBAS-16 的编程工具为 SIBASL0G，系统提供大量的标准的程序模块，为控制软件的编程提供了有利的条件。

20 世纪 90 年代，西门子公司在 SIBAS-16 的基础上进一步推出了采用 32 位芯片（Intel486）的 SIBAS-32 系统，并保持与 SIBAS-16 系统的接口兼容。为了减少传统机车车辆布线，SIBAS-32 系统设有智能外围设备连接终端，即 SIBAS KLIP 站。采用 SIBAS KLIP 可以迅速综合信息和控制指令，并且通过一根串行总线传输给中央控制装置。KLIP 站可以很自由地分布在各类车辆上。SIBAS-32 系统引入了 TCN 标准的列车通信网络，不仅大大减少了导线、管路、电缆、连接点和接头数量，简化了硬件系统，而且提供了完善的故障诊断和显示功能。

4.1.2 MITRAC 系统

MITRAC 系统是加拿大庞巴迪公司的系列产品，包括 MITRAC TC（牵引逆变器）、MITRAC CC（列车控制系统）、MITRAC AU（辅助逆变器）和 MITRAC DR（牵引驱动器）。

庞巴迪公司为了适应不同用户，推出了 MITRAC500 系、1000 系、3000 系。500 系主要用于城际有轨列车，1000 系主要用于高速及地铁列车，3000 系主要用于大功率机车。在广州地铁 2 号线、深圳地铁 1 号线一期庞巴迪地铁车辆中就使用了 MITRAC500 系统。

MITRAC CC 系统是在 ABB 公司 MICAS-S2 系统的基础上，研制开发的迭代基于 TCN 标准的分布式、实时的列车控制与通信系统。

MITRAC CC 的主要特点如下：

（1）符合国际标准（EN50155 车辆上的电子设备标准；ENV50121-3-2 铁路应用电磁兼容性的标准；ENV50204 数字无线电话电磁场辐射标准；IEC61375-1 列车通信网络标准；IEEE1473—1999 中关于列车通信协议标准；UIC556/557 列车信息传输诊断标准），具有开放接口。

（2）系统器件结构紧凑，电源直接由列车蓄电池供电，可以实现分布式安装且不需要额外的加热或制冷装置，且器件配线较少，质量显著降低。

（3）用线少，通过增强系统的可用性，传感器的短距离连接和 I/O 设备接口减少了冲突。可测性和模块化使系统配置可单独进行，并可兼容和连接以前不同的列车控制系统。

（4）系统具有自诊断功能。诊断功能组合在监控系统中，通过数据可视化的远程交付式诊断、车辆跟踪详细目录、GPS 系统、货物跟踪、旅客载量数据等方式，进行实时监控和故障诊断，提高了应用的可靠性。

（5）支持远程无线数据恢复系统。系统可以支持轨旁无线系统通信，如 GSM/R 和无线局域网。因特网和企业互联网作为客户端的访问介质，通过 MVB 或者其他的通信方式连接车辆通信系统。国外先进的 MITRAC CC 系统可通过提供连接到运行车辆上的数据来实现远程维护，增强维护服务质量；并允许诊断和操作数据直接通过因特网传递给列车系统的操作者。系统使用开放的标准，例如移动电话、无线局域网以及因特网相关的通信协议。

（6）提供 MITRAC CC 远程控制平台。MITRAC CC 远程平台使用互联网技术和移动通信，结合庞巴迪公司的铁路专用技术，开发出核心技术以降低维护成本，推进整个系统的可靠性。MITRAC CC 远程平台提供多种服务，通过标准接口访问车辆。由于服务本身来源于不同的厂商，该远程平台不接受未经授权的厂商的访问，同时保证在线控制通信系统不冲突。

MITRAC 列车控制通信系统的核心是 TCN 标准，允许不同用户之间相互操作。交换信息使用的传输介质为屏蔽双绞线或者光纤，列车上所有 MITRAC CC 器件都连在一个网络上，从而可以交换程序和诊断数据，很容易增加新的设备。在 MITRAC 中没有控制柜和机箱，而是各个控制单元或 I/O 单元均自成一体封装在一个具有较好的电池兼容性能的机壳中。每个壳体均有自己的电源和车辆总线接口。如图 4.1 是 MITRAC CC 的微机控制系统总体框架。

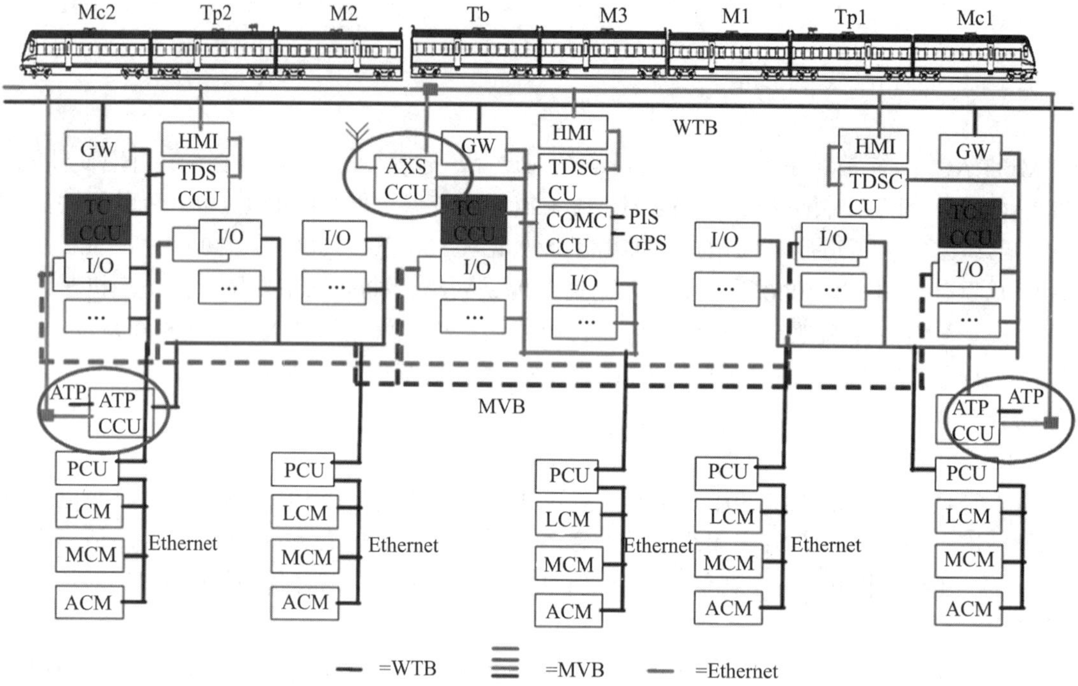

图 4.1　MITRAC CC 的微机控制系统总体框架

图 4.1 所示的列车微机控制系统由列车总线和多功能车辆总线两部分组成，它们在关键区域提供冗余，即 WTB 或 MVB 中的单点故障不会导致列车运行停止。列车控制分为列车控制级、车辆控制级以及子系统控制级三级（包括牵引控制、气制动控制、辅助电源控制、门控制、空调控制、乘客信息控制等）。列车控制级上的 WTB 通过安装在每个单元的 CCU（列车控制单元）中的大功率网关与 MVB 相连，进行数据交换。列车控制级和车辆控制级与每个单元的 CCU 构成一个整体，执行如下主要功能：通过 WTB 进行列车控制；总线管理和过程数据的通信；监督和诊断；通过 MVB 在各个子系统之间进行通信；提供与外部 PC 机之间的服务端口等。各部分功能如下：

1. 列车总线（WTB）与多功能车辆总线（MVB）

列车总线（硬线连接总线 WTB）连接着两个 3 单元的 CCU，两个 CCU 之间通过 WTB

进行通信。多功能车辆总线（MVB）与车辆及列车控制单元 CCU 直接连接。CCU 包括多功能车辆总线控制器、大容量的事件记录器等，可以对车辆总线通信进行管理。CCU 通过 MVB 与车辆所有子控制系统进行数据交换，实现列车控制和车辆控制，车辆控制级、子系统控制级，以及本车与同一单元的其他车之间通过本地车辆总线进行通信和数据传输。

2. 车辆及列车控制单元（CCU）

车辆及列车控制单元（CCU）为带集成诊断功能和控制功能的车辆及列车控制装置，每个单元拥有一个 CCU，作为总线管理主机，它是一个带有 32 位数字处理器、8 MB 闪烁内存的微机控制单元，同时还包含静态电池缓冲 RAM、串行接口、独立电源。

3. 列车管理系统（TMS）

TMS 是以 CCU 为核心的一个列车控制系统，是列车微机控制和网络系统的重要组成部分。它由列车控制级的多台计算机系统和一些专门开发的高处理速度的微机组成。TMS 负责列车的控制、监控和诊断，该系统可以为列车子系统控制和模块提供各种实时控制信号。

4. 列车故障诊断

CCU 通过列车微机控制和网络系统接收从各个子控制系统或 I/O 控制单元传来的故障报告，并附带所选择的环境数据和相应的时间参数。所有列车运行所需的关键诊断信息则是通过安装在驾驶室驾驶台上的 TFT 液晶彩色触摸式显示器来显示。显示器的内容分别有中英文显示，对不同的使用者设置了不同的权限，分为驾驶模式界面和检修模式界面。

列车故障诊断系统对所有重要的故障信息的记录均给出了跟踪数据，并通过分析数据能显示出连续的牵引、制动曲线图形，对于每个直接连接到 MVB 总线上的子控制单元，均要求诊断系统能诊断并显示到最小可更换部件的故障。

4.1.3 AGATE 系统

1. AGATE 系统及其结构

AGATE 系统是阿尔斯通公司开发的列车控制系统。AGATE 系统主要由 AGATE Link（列车监控）、AGATE Aux（辅助控制）、AGATE Traction（牵引控制）和 AGATE e-Media（乘客信息系统）四部分组成。

AGATE 牵引控制系统主要是实现实时的机车牵引控制和产生制动命令。其主要特点是模块化设计，实现安全快速操作；主要功能的子装配系统标准化；采用 World-FIP 总线网络，实现和主要数据网络（TCN、CAN、FIP、LON）的通信网关；具有自测试功能；使用 EASYPLUG 技术；包含了最新技术 FPGA 器件和 PCI 总线接口。

AGATE 辅助控制系统主要是实现对列车上静态逆变器和电池充电的控制，其主要特点是结构紧凑、模块化、低成本、低噪声和快速保护等。

AGATE e-Media 乘客信息系统主要是在列车运行中，提供实时的多媒体信息和休闲娱乐，为乘客提供便利性和舒适性，同时还可以作为一种高效广告媒体，从而带来新的收益。AGATE e-Media 主要功能有：系统用发音系统自动报站，并在屏幕上以有色信息显示，具有动力学线路地图，也可以显示广告和新闻。当系统突然中断或者意外情况发生时，优先直接向乘客广播实时信息。

AGATE Link 是在线管理和监视列车的电子模块，是整列车辆维护的有效工具。通过监视列车各子系统的运行状况来提供迅速准确的列车故障诊断，从而减少检查时间和成本，缩短停工维护时间。AGATE Link 的突出特点是改善了列车生命周期成本（LCC）。AGATE Link 可根据应用需要对基本部件进行组合，如远程输出模块、司机控制台、GIS 定位模块、无线电数据传输模块和在线通信网络，系统易于扩展。

AGATE 系统的控制网络 WorldFIP 总线是从 FIP 总线发展而来的。FIP 总线是一种面向工业控制的通信网络，其主要特点可归纳为实时性、同步性、可靠性。WorldFIP 的设计思想是：按一定的时序，为每个信息生产者分配一个固定的时段，通过总线仲裁器逐个呼叫每个生产者，如果该生产者已经上网，应在规定的时间内应答。生产者提供必要的信息，同时提供一个状态字，说明这一信息是最新生产的还是过去传送过的旧信息。消费者接收到信息时，可根据状态字判断信息的价值。AGATE 系统采用 WorldFIP 总线完整地实现了列车控制的所有功能。

2. TIMS 管理系统及其结构

TIMS 是基于 AGATE 系统，通过数据处理网络连接的产品。TIMS 收集来自与它连接的设备的故障信息，并且通过驾驶显示单元提供信息给驾驶员和维护人员，它能记录故障和设备状态。TIMS 具备操作帮助、维护帮助、事件记录管理、旅客信息触发（音频和视频）的功能。列车 TIMS 系统网络结构如图 4.2 所示。

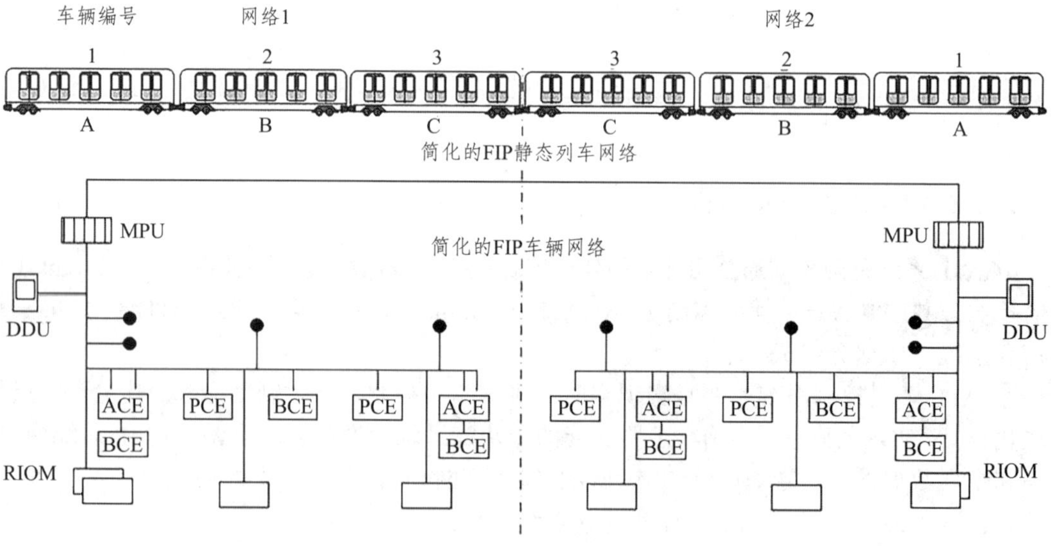

MPU—主控单元；PCE—牵引控制设备；BCE—制动控制设备；
DDU—司机显示单元；RIOM—远程输入/输出模块。

图 4.2　TIMS 系统网络结构

FIP 数据网络是 TIMS 的核心，其根据等级结构配置分为列车网络、车辆网络。FIP 列车网络连接列车的两个 MPU，以确保在每个车辆组之间进行数据通信。MPU 控制列车网络和定义信息流动。ACE、BCE、PCE 都与 FIP 数据网络连接，但是不在 TIMS 范围内。

车辆设备直接连接到每个车辆网络：MPU，运行主要的 TIMS 软件应用程序和支配 FIP 车辆网络上的通信；DDU，人机界面，通过交互式的入口来运行和维护 TIMS 的功能；RIOM，局部安装在每一个车上，提供二进制 I/O 接口和标准的 RS-485 串行通信口；PCE（牵引），安装在动车 C 和 B 上，通过 FIP 连接的通信被限于监测功能；BCE（制动），安装在每节车上，在 A 车上的 BCE 也控制压缩机设备，通过 FIP 连接的通信被限于监测功能；ACE（辅助），通过 FIP 连接的通信被限于监测功能。TIMS 设备的 FIP 地址通过数字插头或低压二进制输入组合来定义。

为了优化单元之间的电缆长度，FIP 网络电缆线路由双绞屏蔽线构成（120 Ω 阻抗），FIP 列车网络布设在整个列车并连接两个 MPU。该网络没有连接其他设备，FIP 车辆网络受限于车辆组的长度，而连接总线上的设备。

3. TIMS 管理系统的组成及功能

TIMS 管理系统与外围设备的串行通信口通信由 RIOM 通过系统软件提供，设备变量通过相同的 RS-485 串行通信口连接，串行网络接口元件是智能的，它们处理协议编码、译码、传输、接收和故障检查。串行通信口交换数据是建立在主/从机制上：RIOM 在串行通信口上发送一个请求（设备地址标志），设备（与地址标志一致）反馈响应，为了知道在 RIOM 与设备之间的通信是否中断，相互检查功能是否可用。

经串行通信口交换 MPU 通过列车网络初始化，在应用软件的每个循环，MPU 通过 RIOM 发送一个请求询问串行通信口。连接到串行通信口的每个单元都有唯一的地址。此外，相同类型的设备和有相同功能的设备都分享相同的组地址。设计的原则是为了保持信息在网络上不断地传输，从而避免在紧要的时候出现传输高峰。常见的信息包括所有故障状态信息，并能够被传送到驾驶室。

相应设备是通过 RS-485 串行通信口连接到 TIMS 上。主要有：

（1）旅客显示器（IDU 和 FDU）。在每节车，所有的 IDU 都连接相同的串行通信口，所有的 IDU 分享相同的组地址，运行信息同时发送给所有的显示器。在此期间，单独的信息发送给每个显示器，目的是检测显示器的功能状态。在 A 车，FDU 是通过自己的串行通信口连接到 TIMS 上。

（2）门。在每节车，相同一侧的 5 个门连接一个单独的串行通信口，用以监测门的状态。

（3）音频设备。在每节车上，APU 和 PECU 音频设备与 TIMS 的串行通信口连接是为了监测和控制。在 A 车，ACU 是通过自己的串行通信口连接到 TIMS 上。

（4）ATC（列车自动控制）。ATC 在串行通信口上的通信位于每个 A 车上，通过列车线传送数据，如 ATS 时间、列车精确位置和 ATC 状态。

4. I/O 连接

逻辑输入通过 RIOM 周期性获得，使得通过 FIP 车辆网络连接到 MPU 成为可能。相反地，逻辑输出值通过 FIP 车辆网络经 MPU 周期性地发送给 RIOM，它实际上控制物理输出。在 FIP 车辆网络上，流通的数据被连接它的 MPU 做出判断，数据需要通过 FIP 列车网络经 MPU 在两个车辆网络上进行交换。

相应的设备是通过二进制 I/O 连接到 TIMS 上，主要有：

（1）HVAC 系统

在每节车上，TIMS 使用二进制 I/O 连接是为了监测 HVAC 状态和给定初始授权。

（2）照明

TIMS 获取照明状态（有故障/没故障）。

（3）受电弓

在每节 B 车上，TIMS 监测受电弓状态。

（4）列车状态

TIMS 通过每节 A 车的二进制输入监测列车的状态（驾驶模式、驾驶室占有、紧急制动和停车制动状态）。

5. 音频系统

除了串行通信口，TIMS 为了执行 DVA 功能（自动音频信息）也与音频系统连接。在每节 A 车上，使用特殊的调制线来连接 MPU 和 ACU，该连接由双绞屏蔽线组成。

列车通信：无线电通信用于外界通信；在驾驶台上的 PLATE5 用于内部通信。

音频广播系统的组成：音频通信单元（ACU）、音频放大系统（APU）、乘客紧急通信单元（PECU）、驾驶室扬声器、驾驶室麦克风、客室扬声器。

音频系统使用设备及设置位置如表 4.1 所示。

表 4.1　音频系统设备及位置

序号	名称	设置位置	序号	名称	设置位置
1	天线	位于 A 车车顶	4	广播用电话听筒	位于操作台上
2	主机	位于 ATC 室	5	无线电装置及底座	位于驾驶台 DDU 前
3	广播单元控制面板	位于驾驶台上 ATC 按钮下	6	无线电通信扬声器	位于驾驶室右上侧墙

音频系统执行下列音频通信功能：

（1）公共广播（PA）（驾驶室-客室）。驾驶员可以通过“CI-AC”麦克风传达信息。DA 广播也可以同时传输到每车的“APU”。

（2）数字声音广播（DVA）（驾驶室-客室）。

（3）旅客紧急内部通信（PEI）。

（4）驾驶室-驾驶室的内部通信（CI）。

（5）无线电（Radio）。

（6）开/关门（DO/DC）。

6. 主处理单元（MPU）

MPU 作为一个自动化运行设备，反复周期性地进行下列操作：读输入变量→执行应用软件的功能→更新输出变量。

TIMS 系统给中压供电的感性负载提供启动许可。列车动态动作被记录在一个事件记录器内，在列车故障发生或列车进入收车模式后，记录的数据不会丢失。

TIMS 的主要功能是监控列车的行驶，MPU 从和它相连的设备中收集故障信息，并通过 DDU 向驾驶员及维修人员提供信息。

7. 驾驶员显示单元（**DDU**）

DDU 由触摸 LED、TFT 彩色屏和信息处理模块组成，为 TIMS 功能构成主要的入口点。它通过驾驶员或维修人员获得命令进入屏幕，显示数据和 MPU 通过 FIP 网络进行通信。

触摸屏可以进行如下操作：列车的准备控制、车辆状态控制、车辆故障显示、视频旅客信息系统的控制、预先记录的音频信息的广播。驾驶员可通过触摸三个标签页的一页，选择想要的页面，激活按钮呈灰色。

8.视频显示单元（**IDU/FDU**）

视频旅客信息系统（PIS）由以下系统组成：前部显示单元（FDU）、内部显示单元（IDU）和信息存储单元。视频旅客信息系统建立在 LED 矩阵技术的基础上，是在 TIMS 内部集成的并传送到整个列车。

（1）内部显示单元（IDU）

客室显示器位于每节的客室（每个客室有两个显示器），显示信息给旅客，例如下一站的名字或者其他特殊的信息。

（2）前部显示单元（FDU）

前部显示单元位于头一节车，可以以循环的方式显示最后一站站名和列车号。

（3）信息存储单元

信息存储单元位于列车的每节 A 车的 MPU 中，包含所有自动播报的信息和特殊的信息，信息只能从工作中的驾驶室的信息存储单元传送。

4.1.4 TIS 信息系统

TIS 信息系统是日本新干线各型列车上装备的信息控制与传输系统，如图 4.3 所示。TIS 系统由列车通信网络、各车厢通信网和功能单元控制机组成。在各车厢内设有一终端站，它是列车通信网上的节点，也是本车厢信息传输的主站，各车厢内的功能单元的信息均通过这个终端站向列车通信网络发送或从列车通信网接收信息。新干线列车编组是以 2 ~ 4 节车厢组成一个车组单元为基础的，在一个车组单元内，由牵引制动控制系统、辅助电源、车门空调控制、变压器及信息子系统等相对独立的子系统构成对车组单元的完备控制。当列车根据需要由多个车组单元构成列车编组时，这些相对独立的子系统，通过一定的信息传输手段连成一个完整的列车控制系统。

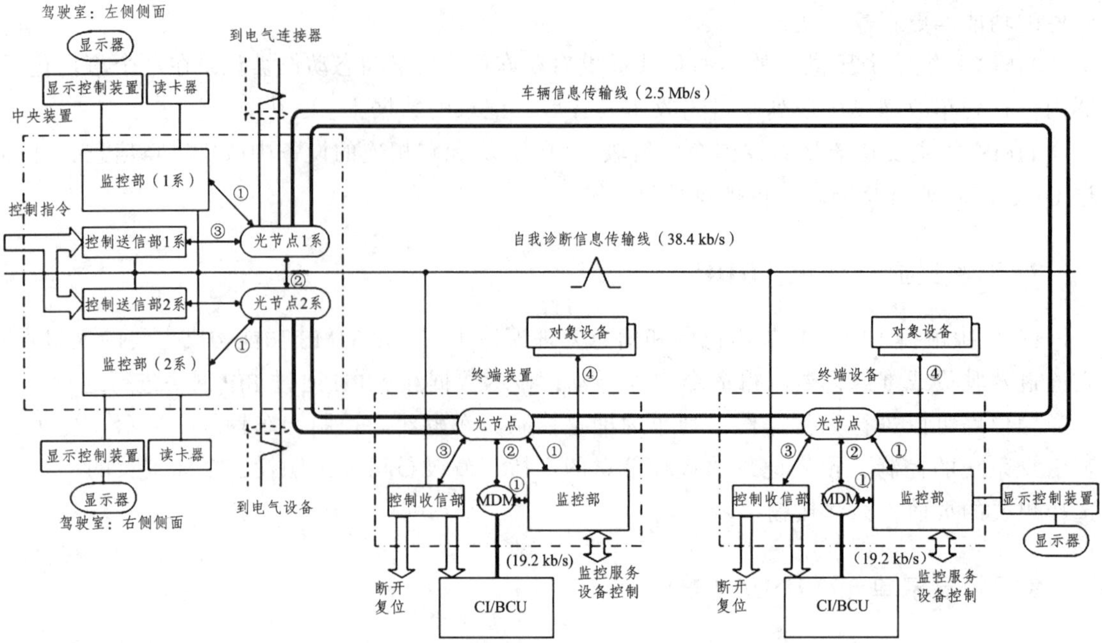

图 4.3　TIS 信息系统原理

TIS 信息系统的基本结构有两种：一种是车厢内的终端只传输 TIS 系统的信息；另一种是节点既传输信息又传输控制命令，因此在日本新干线及既有线铁路列车上有以下 3 种应用形式。

1. TIS 系统应用形式

（1）二重直通线方式

控制命令和 TIS 的信息都在二重直通线上传输，A、B 总线上的传输方式为移频键控（FSK）方式，速率为 100 kb/s。

（2）控制命令用二重直通线

控制命令从驾驶台出发，通过 A、B 二重总线与各车厢变流器-逆变器单元直接连接。命令传送方式采用移频键控（FSK）方式，速率为 19.6 kb/s，TIS 信息采用单一 FSK 方式传输，速率为 38.4 kb/s。

（3）列车总线和车厢总线方式

各车厢的节点通过两个方向相反的环形网络连接，采用光纤作为介质，波特率为 2.5 kb/s。车厢总线用于连接车厢节点和车厢内的功能单元，采用双绞线及 RS-485 电气标准，波特率最大为 1 Mb/s，控制命令和 TIS 信息都在这两个网上传输。

2. TIS 系统功能

（1）驾驶员操作向导

该功能即指导列车正确、正点运行，并显示列车运行图；向驾驶员指示设备的工作信息，在异常情况下，给出操作指南以及简单的检查程序，并能进行出库检查。

（2）乘务员操作功能

乘务员可以通过 TIS 的终端站设定车厢的空调温度，异常情况下能发出警报；还可以通过 TIS 查询客车情况，并做出处理。

（3）维修支持功能

该功能能自动检测各功能单元的运行情况，调阅各设备的故障记录，做出故障分析，收集、记录运行数据，为检修提供依据。

（4）旅客服务功能

该功能向旅客提供各种信息，如到站和前方站、运行时刻表等。

（5）控制命令传送

该功能只有在最新的 700 系列车上才有完全的运用。控制命令包括牵引动力、制动、门控与空调、照明、辅助电源、受电弓、蓄电池开闭等。

TIS 系统在列车运行、检修和故障诊断中的作用越来越大，有关人员对其依赖性也越来越强，维修基地的工作人员基本都是按 TIS 系统的检查测试结果来检修控制系统及各功能单元的故障，而 TIS 系统本身的可靠性也很高，很少有故障发生。

随着 TIS 系统功能的增强，它在列车控制系统中的作用越来越重要，已经成为新干线列车系统中不可缺少的一个重要组成部分。

4.1.5 DTECS 系统

除了上述国外几种典型的系统之外，我国也已经研发了多个列车网络控制系统，其中株洲电力机车研究研制的 DTECS 系统已广泛应用在国产地铁列车中。

1. DTECS 系统概述

DTECS 是专为轨道车辆的列车控制和通信而设计的一套车载计算机系统，它控制并监视整个列车，包括车载硬件、操作系统、控制软件、诊断软件、监视软件和维护工具。

DTECS 是一个分布式控制系统，它分布于整个列车的各个智能单元。这些单元可分别安装于车下设备箱、驾驶台或车厢内的电器柜中。这种系统的最大和最重要的优点是：显著减少各箱柜之间的连线，并方便将来对系统功能的扩展。总线的扩展比较简单，只需增加一根连接到该单元的电缆线，并更新应用软件就能和新的单元进行通信。系统设备采用模块化设计，其系列产品不仅适用于各种牵引系统的控制，而且适用于列车的控制，也可以用于列车监控系统，如 DTECS 系统应用于深圳地铁 1 号线增购车辆中。该系统由于构成的灵活性，可以很方便地适应不同形式的列车编组。

DTECS 广泛采用电子控制设备和串行数据通信来代替继电器、接触器和直接硬连线，并且通过网络连接各个子系统的控制设备，以减少继电器、接触器、列车布线、端子排和连接器联锁的使用。控制系统中具有电子控制机监控设备的子系统有：列车控制单元、牵引逆变器控制单元、辅助逆变器、驾驶显示器、空调控制系统、门控制系统、制动控制系统。

【思考题】

几种典型的列车网络控制系统中，哪些系统采用了 TCN 标准网络？

4.2 DTECS 系统概述

【知识目标】

（1）掌握 DTECS 系统的构成；

（2）掌握 DTECS 系统的原理。

【能力目标】

能够画出一个单元的网络拓扑结构图。

【学习内容】

DTECS 系统是中车株洲电力机车研究所有限公司（简称株洲所）自主研制的分布式地铁列车网络控制系统（Distribute Train Electric Control System，DETCS），目前国内大部分地铁公司的国产化地铁列车都采用该系统。DTECS 系统是基于列车通信网络（TCN）的分布式控制系统。列车通信网络由绞线式列车总线和多功能车辆总线组成，与控制微机、现场设备构成列车网络控制系统，具有控制、状态监视和故障诊断功能，是列车的控制中枢。

4.2.1 DTECS 系统构成

DTECS 系统作为整车控制系统，通过信号采集模块，采集司机的操作指令、列车各个工况下的状态信号，经过运算及逻辑处理，给出操作列车各个部件的控制指令，通过 MVB 总线实现与牵引控制系统、制动控制系统、辅助供电系统、信号系统、车门系统、广播和视频监控系统等部件的数据交换。DTECS 系统与第三方控制系统的数据交互原理如图 4.4 所示。

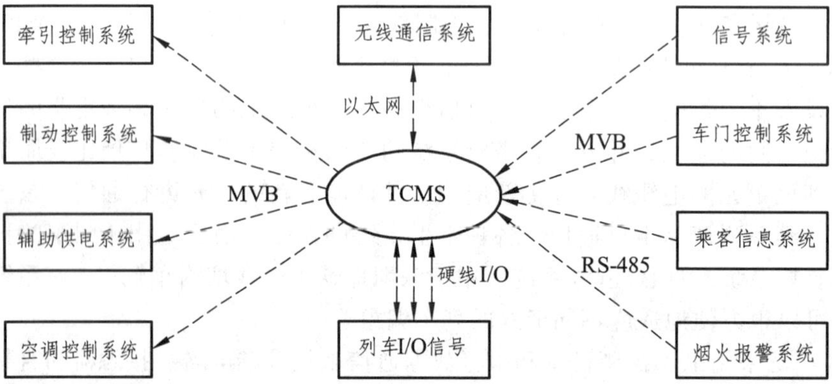

图 4.4　DETCS 系统与第三方控制系统的数据交互原理

1. DTECS 系统网络配置情况

基于 DTECS 系统的地铁列车采用四动两拖 6 辆编组，每列车将包含冗余的列车总线网络控制+车辆总线控制系统，其中列车中央控制单元 VCMe 位于 Tc 车。一个单元的 TCMS 网络拓扑结构如图 4.5 所示。

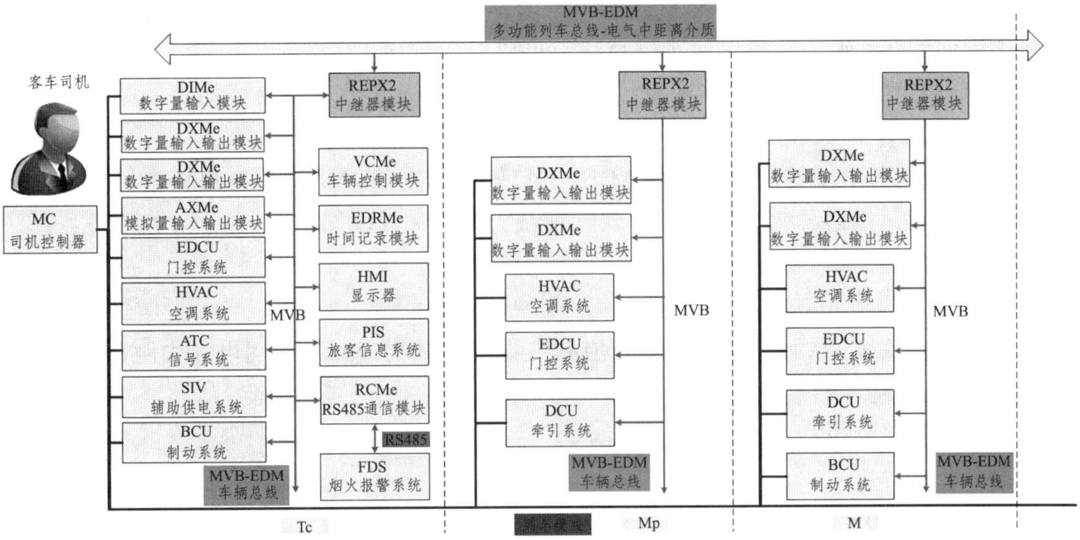

图 4.5　一个单元的 TCMS 网络拓扑结构

2. DTECS 系统核心部件

DTECS 系统采用分布式控制技术，分为列车控制级和车辆控制级两级。列车控制总线和车辆控制总线均采用 EMD 电气中距介质的 MVB 多功能车辆总线。列车级总线和车辆级总线之间通过中继模块（REP）作为桥接器，实现列车级总线到车辆级总线的数据转发功能。其中，车辆控制模块与列车通信网络是 DTECS 系统的两大核心部件。

（1）车辆控制模块

对于关键的车辆控制模块 VCMe，由于其主要实现重要的车辆控制、总线管理，所以在整个列车网络中也对 VCMe 做了热备冗余配置，正常情况下两个 VCMe 通过底层协议芯片的竞争机制自动选取一个 VCMe 作为总线管理主，另外一个 VCMe 作为备用主，当主 VCMe 出现故障时，备用 VCMe 将接管主 VCMe 的职责，行使所有的总线管理和控制功能。但是不论哪个 VCMe 作为总线管理主，在控制逻辑上都以司机钥匙激活端的控制指令为准，总线管理主权的交换不会导致控制指令来源的切换。

（2）列车通信网络

DTECS 系统整体网络架构采用 A/B 线单独铺设的双通道冗余设计，当某一路通信线出现故障时，系统可以自动切换到另一路通信线路。每节车辆各配置两个中继器 REP（一个 REP 转发 A 通道数据，另一个 REP 转发 B 通道数据），同时每节车辆的 DCU/SIV 作为车辆总线的终端。DCU/SIV 的网卡设计为 MVB 三类设备，可以对所在 MVB 网段的线路通信状态进行监视，并将诊断结果以设备状态字的方式通过 MVB 发送给车辆控制模块 VCMe。

不论是列车级总线还是车辆级总线，均采用通信线路双通道冗余设计，以提高可利用性，当某一路通信线路出现故障时，系统可以自动切换到另一路通信线路。

4.2.2 DTECS 系统原理

多功能车辆总线用于连接各车辆内的电子部件和控制系统（也称为 MVB 段），具体网络拓扑结构如图 4.5 所示，数据在车辆总线上可以双向传递。

MVB 所使用的电缆是两对屏蔽双绞线。为防止反射及干扰，在总线的每一端都设有终端电阻（120 Ω）。

MVB 电缆是与电子控制单元内的 MVB 接口模块相连的。MVB 接口模块进行总线管理和数据通信管理，包括总线主控器（总线管理器）的定义及线路监控。

1. 基本参数

多功能车辆总线 MVB 连接车辆的所有智能设备，其物理介质采用电气中距离（EMI）电介质。MVB 的基本参数如下：

介质：屏蔽双绞线；

波特率：1.5 Mb/s；

传输距离：200 m（EMI），最多可以挂 256 个智能总线站；

传输周期：1、2、4、8…1 024 ms（典型值为 32、64、128…1 024 ms）；

数据帧长度：2、4、8、16、32 字节。

2. 数据传输

数据在可编程的基本时间周期（Basic time period）内传递，如图 4.6 所示。

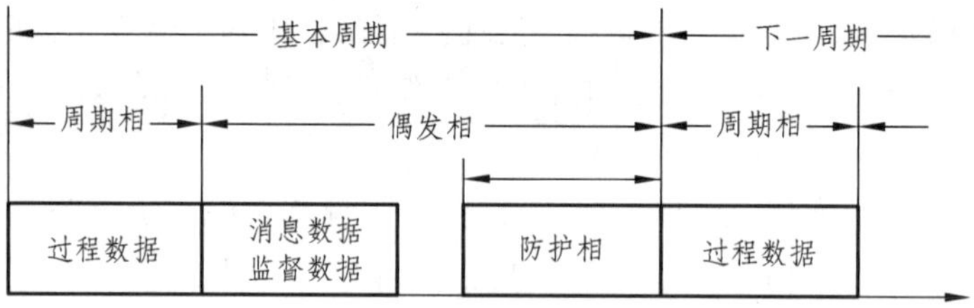

图 4.6 数据传输周期

每个基本时间周期从过程数据（Process data）传递的周期相（Periodic phase）开始，然后进入偶发相（Sporadic phase，偶发阶段），在偶发相内，监督数据（Supervisory data）和消息数据（Message data）可按要求传递。

防护相（Guard phase）阶段用于保证下一个周期的准确开始。

3. 过程数据

过程数据周期性地传送。过程数据的特点如下：

（1）过程数据由高达 32 字节的短数据组成；

（2）它是与时间密切相关的数据，将作为过程数据周期性地传递；

（3）只有一个单元是数据源；

（4）所有连接到 MVB 的单元都可能是过程数据传递的终点接口（目的地）；

（5）过程数据带有数据源地址（广播数据）;
（6）传递过程不带检错码反馈;
（7）传递安全性由周期性的传递和检验来保证。

4. 消息数据

消息数据按要求或发生的事件而偶发性地传送。其特点如下：
（1）与时间不密切相关的数据，将作为消息数据偶发性地传送：
（2）只有一个单元是数据传送的终点，兼消息数据带有数据源地址（单目的地）;
（3）被传递的数据必须经接收单元（数据传递终点接口）确认，数据将根据要求以队列方式被缓冲;
（4）完整的数据传递时间由总线负荷量决定。

5. 监督数据

监督数据是总线的管理和控制所要求的。主控权的转移、单元状态的传送和事件指示都要进行数据交换。

6. 通信管理

在正常运行时，其中一个 VCMe 作为 MVB 的管理器（主控）。
为了提高可利用性，主控权可由两个或多个总线管理器共同分担，其中任何一个总线管理器可在一段时期内执行主控权。发生故障时，主控权在几毫秒内从一个总线管理器转换到另一个总线管理器，以利用冗余度。每个总线管理器拥有一份其他所有总线管理器的清单。

7. 故障检测

如果数据传递发生故障，报文将不会被分析，连接到 MVB 的单元会继续按照上一次正确接收到的报文工作，监控软件准备改变为编程预定的反应状态。
在过程数据循环传递期间，短暂干扰过后，系统将继续工作，并接收后续报文。一个消息数据报文的传递一旦失败，将要求数据再传递一次。与车辆内部电路控制功能的反应时间相比，所选基本周期时间通常很短。单个过程数据报文所受的干扰对电路控制功能没有不利的影响。
注：数据传递终点接口还进行时间监督，监控终点接口是否处于工作状态。

8. 备用级/冗余

MVB 的两条线路上的数据报文将受到监控，并且应完全相同。如果其中一条线路发生故障，数据将通过仍正常工作的线路传递。如果一个总线管理器发生故障，另一个总线管理器将替代前者的管理功能，列车可以在到达终点站前没有限制地维持运营。
如果一路 MVB 发生严重故障，另一路 MVB 将替代并进行数据传输。在这种情况下，列车可以在到达终点站前没有限制地维持运营。
如果两个 MVB 总线出现故障，列车通过紧急牵引模式，进行备用方式的牵引和制动。

【思考题】

分别从总线控制器及线路的角度分析如何提高 DTECS 系统的可用性。

4.3 DTECS 系统硬件设备

【知识目标】

（1）掌握 DTECS 系统的硬件设备；

（2）理解 MVB 连接器。

【能力目标】

（1）能够描述 DTECS 系统的硬件设备；

（2）能够描述 DTECS 系统各部分的作用。

【学习内容】

地铁列车按照不同的功能与硬件配置分为几种车型：带司机室的拖车（Tc）、带受电弓的动车（Mp）和不带受电弓的动车（M）。不同车型由数量不同的车辆控制模块（VCMe）、事件记录模块（EDRM）、中继器（REP）、数字量输入输出模块（DXMe）、数字量输入模块（DIMe）、模拟量输入输出模块（AXMe）、通信模块（RCMe）、人机接口模块（HMI）和必要的总线终端器构成。DTECS 系统的网络拓扑结构如图 4.7 所示。

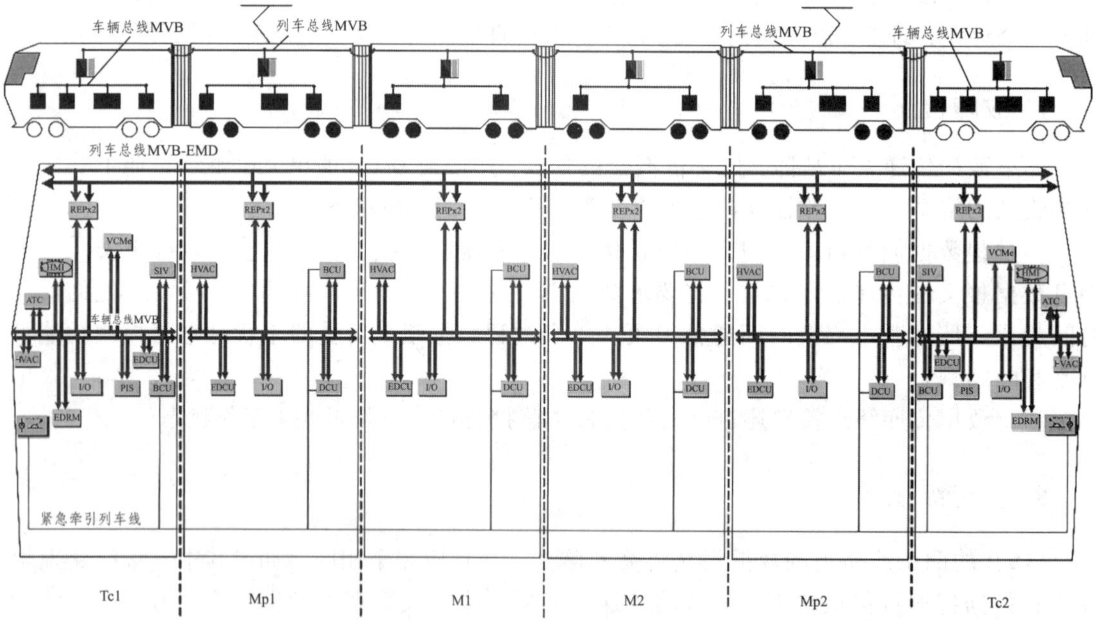

VCMe—车辆控制模块；EDRM—事件记录模块；REM—中继器模块；I/O—输入输出模块；ATC—信号系统；BCU—制动系统；DCU—牵引系统；EDCU—门控系统；HVAC—空调系统；PIS—旅客信息系统；SIV—辅助供电系统；HMI—显示器；MVB-EDM—多功能车辆总线-电气中距离介质；

图 4.7　DTECS 系统网络拓扑结构

DTECS 系统所需硬件配置如表 4.2 所示。

表 4.2 DTECS 系统硬件配置

序号	设备名称	Tc1	Mp1	M1	M2	Mp2	Tc2
1	VCMe	1	—	—	—	—	1
2	HMI	1	—	—	—	—	1
3	EDRM	1	—	—	—	—	1
4	ERP	2	2	2	2	2	2
5	DXMe	2	2	2	2	2	2
6	DIMe	2	—	—	—	—	2
7	AXMe	1	—	—	—	—	1
8	RCMe	1					1
8	通信连接器及其通信专用电缆	1 套/列					

4.3.1 硬件设备

1. 车辆控制模块（VCMe）

每列列车装有 2 个车辆控制模块（VCMe）实现冗余，位于司机室的电器柜内。车辆控制模块（VCMe）主要是完成网络的逻辑控制和网络协议的转换功能，相当于列车网络系统的大脑，其与 DETES 系统中的其他模块共同组成完整的列车网络控制系统。车辆控制模块（VCMe）具备如下功能：

（1）过程控制：执行诸如牵引/制动控制、空电联合控制、超速保护和空调顺序启动等一系列控制功能。

（2）通信管理：具有多功能车辆总线（MVB）的管理能力，并且能够进行主权转移以实现热备冗余。

（3）故障对策：VCMe 单路故障时，可自动切换，切换完成后不能损失功能和动力；双路故障时，具备紧急控制功能，可维持运行。

（4）显示控制：与 HMI 显示有关的数据传输。

VCMe 主要接口如图 4.8 所示。

2. 事件记录模块（EDRM）

EDRM 安装在司机室电器柜内，以太网数据记录模块 EDRM 是完成故障诊断、数据记录与转储的核心模块，与 DETES 系统中的其他模块共同组成完整的列车网络控制系统。事件记录模块（EDRM）具备如下功能：

（1）数据记录：实现司机操作数据、故障数据、事件数据的记录，将车辆控制模块（VCMe）的故障数据具体化。

（2）数据转储：通过车载信息网（工业以太网）将记录的数据下载，供便携式维护工具分析。

EDRM 主要接口如图 4.9 所示。

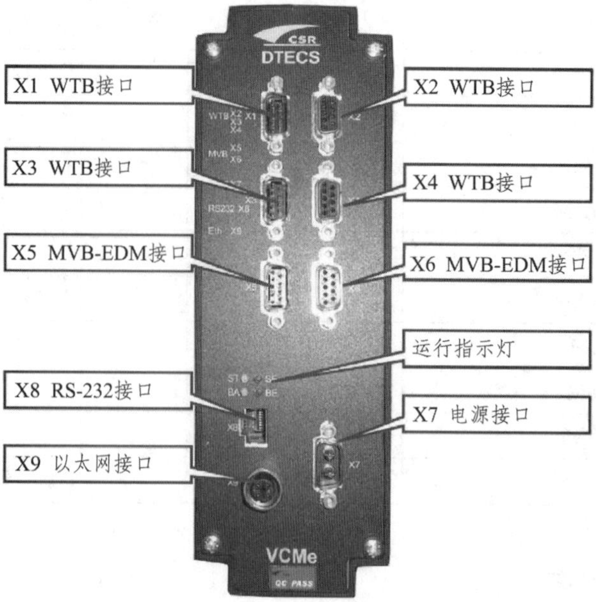

图 4.8　VCMe 主要接口

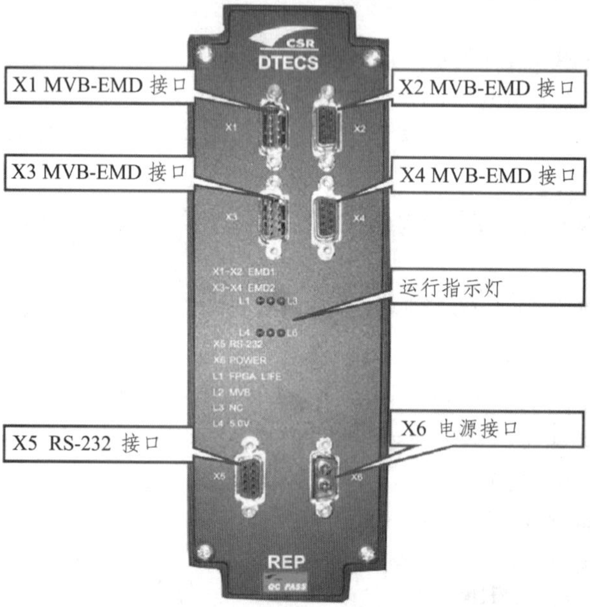

图 4.9　EDRM 主要接口

3. 人机接口模块（HMI）

每列列车装有 2 个显示器（HMI），分别安装在两节 Tc 车中，HMI 通过多功能车辆总线（MVB-EMD）与其他设备通信。

HMI 是 TCMS 的显示终端设备，是司机和维护人员操作机车的窗口，具备如下功能：

（1）信息显示：向车辆驾驶人员和维护人员提供车辆综合信息、各设备的工作状态、故障信息的综合与处理等功能。

（2）参数设定：对轮径值、列车重量、站点、时间日期等参数进行更改与设定。

（3）功能测试：进行列车运行时加速度、减速度、制动距离等基本参数的测试。

（4）数据转储：将故障信息转储地面进行统计、分析。

HMI 显示界面如图 4.10 所示。

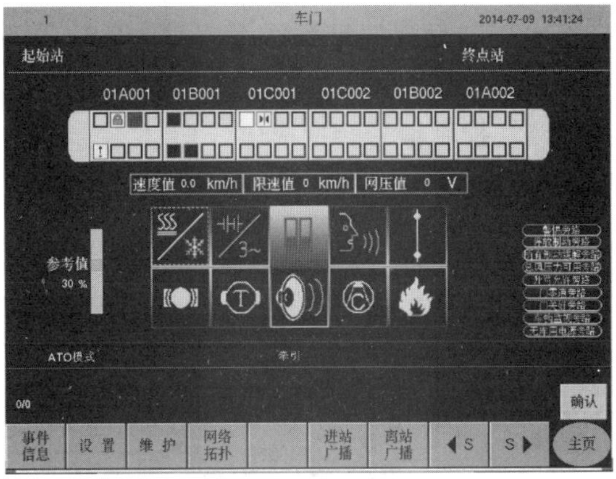

图 4.10　HMI 显示界面

4. 中继器（REP）

每列列车装有 2 个中继模块（REP），实现 MVB-EMD 总线耦合，单板功能主要包括 EMD 总线信号接收与发送处理。中继器（REP）具备如下功能：

（1）控制物理层的接收与发送。对接收到的数据（从 EMD 总线上得到）以及要通过 EMD 总线发送的数据进行接收和发送处理，实现信号中继放大功能和两级总线的数据转化功能。

（2）通过对两种不同总线上的信号进行接收处理后，数据被存储在内部，中继器主要实现信号恢复与重建，信号发送的格式转换（两种总线的帧信号传输格式不一样）后，再传输到发送模块。

REP 主要接口如图 4.11 所示。

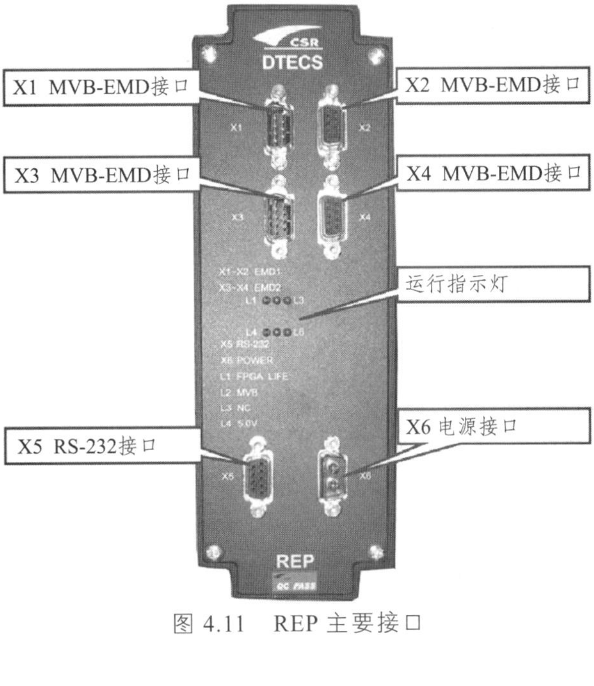

图 4.11　REP 主要接口

5. 模拟量输入输出模块（AXMe）

AXMe 安装在司机室的电器柜中。AXMe 实现模拟量信号的采集输入和控制输出，通过 MVB 总线与 VCMe 通信，具备如下功能：

（1）输入信号采集：将车辆间电气信号转换成控制信号，经由列车控制网络传送给车辆控制模块（VCMe），完成各种控制功能。

（2）控制信号输出：将网络控制信号转换成电气信号，控制诸如仪表等设备。

AXMe 主要接口如图 4.12 所示。

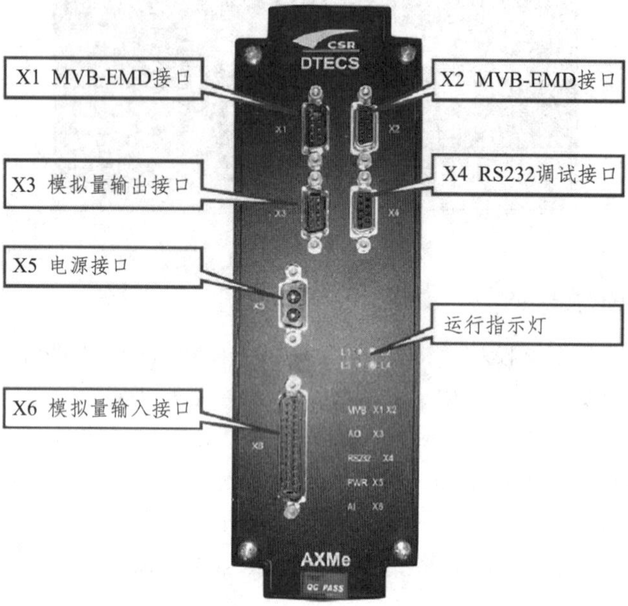

图 4.12　AXMe 主要接口

6. 数字量输入模块（DIMe）

DIMe 安装在司机室和电器柜中，是对外部设备进行数字量输入的接口模块，通过 MVB 总线与车辆控制模块（VCMe）连接使用。数字量输入模块（DIMe）具备如下功能：

（1）控制信号输入：将车辆间电气信号转换成控制信号，经由列车控制网络传送给 VCMe，完成各种控制功能。

（2）设备地址输入：通过外部跳线配置设备地址，维护过程容易。

DIMe 主要接口如图 4.13 所示。

7. 数字量输入输出模块（DXMe）

DXMe 安装在司机室和电器柜中，数字量输入输出模块（DXMe）通过多功能车辆总线（MVB-EMD）与车辆控制模块（VCMe）交换数据，可以实现开关数字量状态信号的采集处理和网络控制指令的输出，并通过 MVB 车辆总线与 MVB 设备互联。数字量输入输出模块（DXMe）具备如下功能：

（1）输入信号采集：将车辆间电气信号转换成控制信号，经由列车控制网络传送给车辆控制模块（VCMe），完成各种控制功能。

（2）控制信号输出：将网络控制信号转换成电气信号，控制诸如指示灯、继电器等设备。
（3）设备地址输入：通过外部跳线配置设备地址。
DXMe 主要接口如图 4.14 所示。

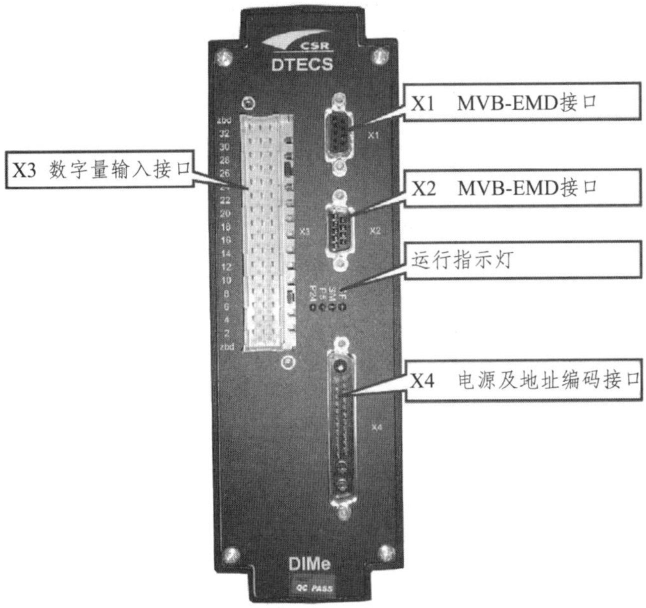

图 4.13 DIMe 主要接口

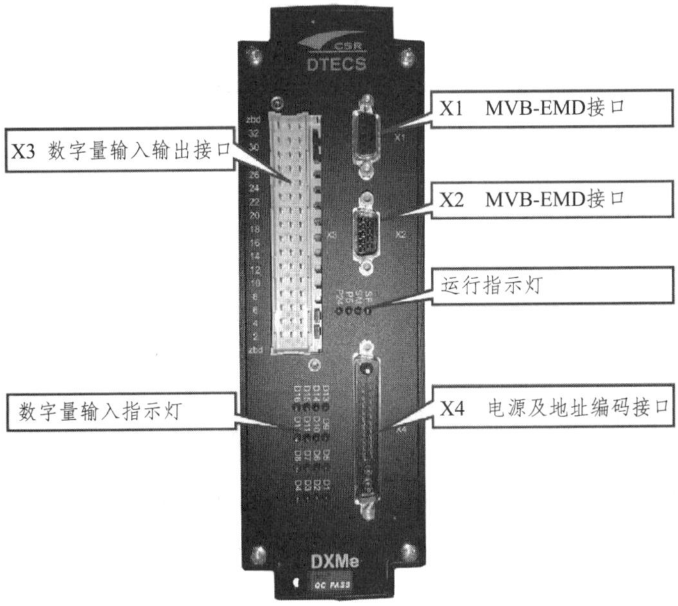

图 4.14 DXMe 主要接口

8. 通信模块（RCMe）

RS-485 通信模块（RCMe）实现 RS-485 通信接口和车辆总线（MVB）通信接口的转换，

将不具有 MVB 通信接口的设备连接到 MVB 网络上。

RCMe 的主要接口如图 4.15 所示。

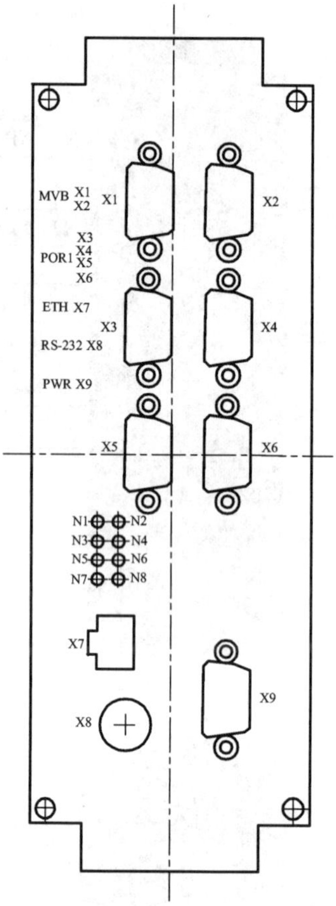

X1，X2—MVB 接口，其中 X1 为公头，X2 为母头；X3，X4—RS-485/RS-422 接口，其中 X3 为公头，X4 为母头；X5，X6—RS-485、CAN 接口，其中 X5 为公头，X6 为母头；X7—RS-232 接口；X8—工业以太网接口；X9—110 V 电源接口；N1 ~ N8—指示灯。

图 4.15　RCMe 主要接口

4.3.2　MVB 连接器

MVB 连接器每个插头有两个电缆引出口，可以与两根 MVB 电缆连接，在插头内部通过内置电路将两根电缆进行短接，这样总线就可通过插头构成回路，当拔下插头时，不会中断传输介质。

如图 4.16 中 A 组数据线（进线与出线）共用一个连接器，B 组数据线（进线与出线）共用一个连接器。

MVB 连接器示意图如图 4.17 所示。

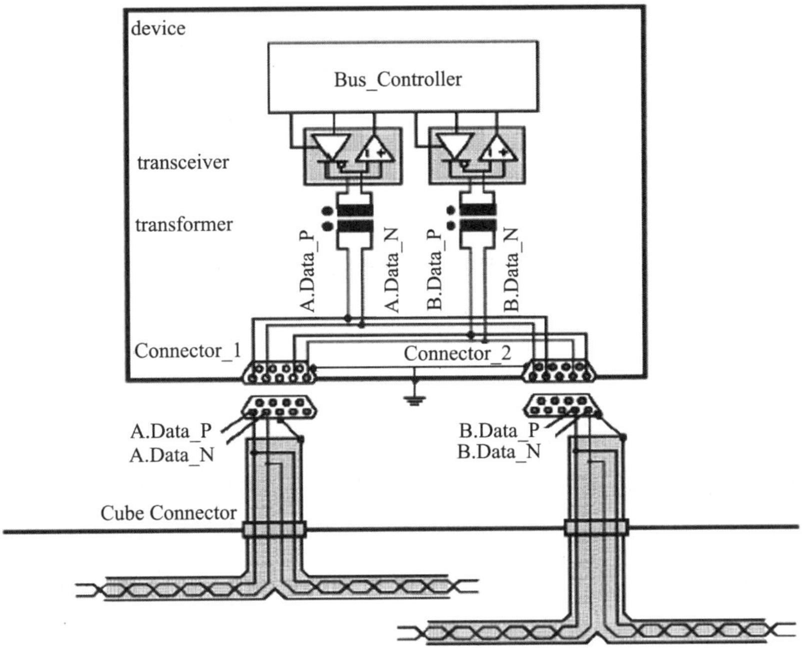

图 4.16 MVB 双线连接原理

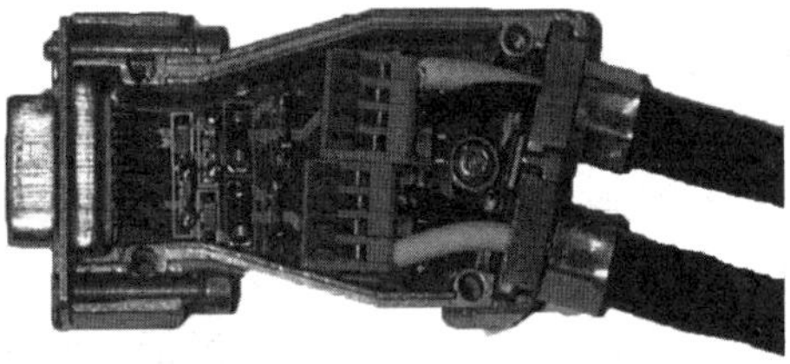

图 4.17 MVB 连接器示意

【思考题】

为什么模拟量输入输出模块（AXMe）只设置在 Tc 的司机室和电器柜中，Mp、M 车为什么没有？

4.4 DTECS 系统功能

【知识目标】

（1）掌握 DTECS 系统的控制功能；

（2）掌握 DTECS 系统的状态监视功能；

（3）掌握 DTECS 系统的故障诊断功能。

【能力目标】

能够描述 DTECS 系统的主要控制功能。

【学习内容】

TCMS 主要包含控制功能、监视功能和诊断功能。

4.4.1 控制功能

综合车辆运行工况及各设备的工作状态，对车辆进行控制是 TCMS 的主要功能之一，根据系统设计需求，主要完成以下控制功能：

1. 模式控制

TCMS 判断列车处于人工驾驶模式或自动驾驶（ATO）模式。

当模式开关打到 ATO 模式，方向手柄在“向前”位，主控手柄在“零”位，并且有 ATC 发过来的 ATO 激活信号，列车处于自动驾驶模式。其他模式为人工驾驶模式。在自动驾驶运行过程中，自动驾驶模式建立条件丢失，列车进行紧急制动，列车模式自动转为人工驾驶模式。

2. 司机室激活控制

对列车的操作必须从对司机室的激活开始。

当司机钥匙没有插入司控器的钥匙孔，或者司机钥匙没有旋转至“激活”位时，TCMS 将处于一种“待机”状态，拒绝接收和执行诸如施加牵引、缓解制动等各种涉及安全的控制指令，但可以对全列车的状态信息进行监视和故障诊断。

当司机钥匙旋转至“激活”位后，TCMS 进入“激活”状态，将有“司机钥匙激活”信号的 Tc 车设置为主控司机室，并同时在显示器主界面对主控司机室进行图示。TCMS 激活后，只允许接收来自主控司机室的各种控制指令，而忽略非主控司机室的各种控制指令，但有一条指令除外，即“紧急制动”指令。当任何一个司机室的“紧急制动”按钮被按下，TCMS 均执行“紧急制动”指令，同时封锁牵引信号的输出。

如果两个司机室的司控器没有做机械联锁，当 TCMS 检测到两个司机室均有“司机钥匙激活”信号时，TCMS 会诊断出“司机室联锁故障”，并在显示器上进行故障提示，同时继续处于“待机”状态，拒绝执行各种控制指令。

3. 方向控制

列车的运行方向包括“向前”和“向后”。所谓的“前”与“后”，均是以司机的主观视角来定义的。而对牵引系统来说，是没有前后之分的，牵引逆变器通过正相序或反相序输出交流电来控制牵引电机和车辆轮对的正转或者反转，来实现司机所期望的列车“向前”或者“向后”运行。因此，对列车的方向控制即是对每个牵引逆变器的“正向”和“反向”控制。

对于某一个牵引逆变器而言，如果期望列车朝 1 单元方向“向前”运行，牵引逆变器需要执行“正向”指令的话，那么如果期望列车朝 2 单元方向“向前”运行时，则需要向该牵引逆变器发出“反向”指令。按照这个逻辑，TCMS 需要根据列车的每一个牵引逆变器的安装方位、主控司机室的位置以及该司机发出的方向指令进行逻辑判断，并逐个向每一个牵引逆变器单独发送“正向”或“反向”指令。

整列车的牵引逆变器安装布局采用中心对称方式，如果是 1 单元 Tc 车为操作端，当方向手柄打到“向前”位，则 TCMS 向 1 单元 Mp1 和 M1 车牵引逆变器发送“正向”指令，向 2 单元 M2 和 Mp2 车牵引逆变器发送“反向”指令；当方向手柄打到“向后”位，则 TCMS 向 1 单元 Mp1 和 M1 车牵引逆变器发送“反向”指令，向 2 单元 M2 和 Mp2 车牵引逆变器发送“正向”指令，并且 TCMS 将退行模式信号发给所有牵引逆变器；打到零位则判断为无方向。如果是 Tc2 车为操作端，则反之。

在设计有关列车方向的列车硬连线时也会做如上考虑，即“向前”和“向后”列车硬线在列车中部做交叉处理，当 1 单元收到“向前”的列车信号时，2 单元则收到“向后”的列车信号，反之亦然。因此在正常情况下，每个牵引逆变器从 TCMS 收到的“正向”或“反向”指令应该与其从列车硬连线上收到的“向前”或“向后”指令是一致的。TCMS 可以分别对每个牵引逆变器收到的 TCMS 指令和硬连线指令做比较，如果发现有不一致的情况，TCMS 会诊断出“牵引系统方向故障”，并在显示器上做故障提示。

列车的换向操作只允许在列车静止的状态下才允许进行。一旦列车开始运行后，TCMS 将锁定当前列车的方向信号，直到列车停止运行后才解锁。如果在列车运行过程中，不管是人为操作原因还是司控器故障原因导致方向信号变化了，TCMS 会诊断出“方向信号丢失故障”，并在显示器上做故障提示。

4. 紧急牵引控制

为了保证 TCMS 故障情况下，列车能够继续运行到下一站，列车设置了紧急牵引按钮，司机可以通过操作紧急牵引按钮来进入紧急牵引模式。

紧急牵引模式下 BCU、DCU 通过接收硬线的指令和硬线编码级位实现列车的牵引和制动控制，而忽略网络信号（硬线控制的特点是要实现一个控制功能必须布置一个控制回路，功能越多，所需要的控制回路就越多，所以在紧急牵引模式下，能实现的功能不会很多，一般有：常规的牵引、常用制动、快速制动、紧急制动、制动缓解）。

当满足下列条件之一时，TCMS 系统的 HMI 将提示司机应进入紧急牵引模式。当 TCMS 接收到紧急牵引硬线信号后，则屏蔽所有输出信号并输出紧急牵引提示信息到 HMI。当满足下列条件之一时，TCMS 系统的 HMI 提示司机应进入紧急牵引模式：

（1）出现两个或两个以上 DCU 通信故障（由 VCM 诊断）；

（2）出现操作端 HMI 通信故障（由 HMI 诊断）；

（3）出现两个或两个以上 BCU 通信故障（由 VCM 诊断）；

（4）出现两个或两个以上牵引逆变器故障（由 VCM 诊断）。

当出现下列情况之一时，司机应主动采取紧急牵引：

（1）HMI 黑屏；

（2）列车无法正常牵引。

5. 紧急制动控制

为了保证列车行车安全，TCMS 需要对某些影响列车运行的条件进行监视，当这些条件发生时，TCMS 将触发紧急制动，并且记录相关触发条件。满足下列条件之一时，网络系统输出紧急制动控制指令：

（1）在司机室操作端 DXM11（DXM61）通信正常时，司机室占有端的列车门关好左和列车门关好右信号无效，且无司机室占有端门全关好旁路信号；

（2）列车综合速度超过 85 km/h 触发紧急制动，低于 83 km/h 解除紧急制动；

（3）零速信号有效时，两端司机钥匙同时有效故障；

（4）非零速情况下，列车有方向信号的改变。

当紧急制动有效，且满足下列条件之一时，网络系统进行紧急制动提示：

（1）任一 DCU 硬线紧急制动反馈有效；

（2）ATP 触发了紧急制动；

（3）任一司机室的紧急停车按钮被按下，或紧急停车列车线有效，且相应 DIM 通信正常；

（4）紧急制动电气列车线环路中断或断开。

6. 空电联合制动控制

TCMS 参与地铁列车的空电混合制动控制，制动力的计算和分配由制动系统完成。具体控制指令传输过程如下：

（1）TCMS 根据来自司控器或 ATO 的指令信号产生控制指令，通过 MVB 网络发送给制动系统。

（2）制动系统根据制动级位和载荷等信息，计算列车总制动力需求值。按照无故障情况下优先使用电制动力的原则，将列车总制动力需求值全部分配成电制动力需求值，经由 TCMS 发送给各车牵引系统。

（3）牵引系统根据电制动力需求值施加再生制动，并将电制动力实际值反馈给 TCMS。

（4）TCMS 将各车牵引系统的电制动力实际值反馈给制动系统。

（5）制动系统根据反馈的电制动力实际值判断电制动力是否满足列车总的制动力需求，如果不满足，则通过气制动力进行补足。

7. 保持制动控制

为了防止列车停在坡道上出现溜车情况，需要在列车停稳后施加一个固定大小的常用制动力，一般该常用制动力的大小为最大常用制动的 70%左右，即保持制动。保持制动的施加由制动系统负责，保持制动的缓解由 TCMS 负责；当 TCMS 故障时，保持制动的管理全部由制动系统自身负责。当满足以下条件之一时，TCMS 向所有 BCU 发出保持制动缓解命令：

（1）列车处于牵引工况且速度大于 1.0 km/h；

（2）有牵引指令，且整车实际牵引力大于防后溜最小牵引力，根据载荷进行计算（50 kN）；

（3）保持制动切除有效（来自 HMI）；

（4）在洗车模式下有牵引指令，且整车实际牵引力大于防后溜最小牵引力（平道下 20 kN）。

8. 牵引封锁

为了保证列车行车安全，TCMS 需要对某些影响列车运行的条件进行监视，当这些条件不满足时，TCMS 将封锁列车的所有牵引指令，同时在 HMI 上报“牵引封锁”提示信息，并在显示器上显示引起牵引封锁的条件。这些触发“牵引封锁”的条件包括：

（1）司机室联锁故障；

（2）牵引系统方向故障；

（3）车门未全部关闭，且无“车门旁路”信号；

（4）列车停放制动未缓解，且无“停放制动缓解旁路”信号；

（5）列车安全环路断开或者列车完整性环路断开；

（6）列车发出牵引指令后，6 s 内列车仍然不能缓解所有制动；

（7）列车总风管压力低于 550 kPa，且无“总风压力旁路”信号；

（8）列车总风管压力低于 600 kPa 时，列车行驶至下一站牵引封锁；

（9）3 个及以上 DCU 故障；

（10）7 个及以上转向架制动被切除。

9. 加减速度测试

TCMS 根据显示器设置的起始速度、目标速度、测试开始信号，计算列车的平均加速度、平均减速度、制动距离。测试平均加速度时显示器的起始速度应设置为 0 km/h，平均减速度、制动距离的测试无须设置起始速度、目标速度，TCMS 会根据当前工况进行自动处理。

平均加速度测试起始条件如下：

（1）列车处于牵引工况且保持制动缓解指令已发出；

（2）列车处于牵引工况且列车速度大于起始速度。

平均加速度测试结束条件如下：

（1）列车退出牵引工况；

（2）列车速度大于目标速度。

平均减速度测试起始条件为：当列车进入制动工况且列车非零速，TCMS 获取进入制动工况时的列车速度作为平均减速度的测试的起始速度。

平均减速度测试结束条件为：列车速度小于 0.8 km/h。

10. 空调启动控制

为了防止各节车辆的空调机组的压缩机同时启动，对辅助供电系统造成的交流负载严重过载，因此需要通过对空调机组压缩机进行错时启动控制。错时启动控制分动力单元进行，一个动力单元共有 3 节车辆 6 组空调压缩机，TCMS 按照每 18 s 为一个大周期进行循环，每个周期内设置 6 个长度为 2 s 的时间窗口，分别对应 6 组空调压缩机。每组空调压缩机只能在属于自己的时间窗口时才能启动，其他时间则不允许启动。对于已经完成启动的空调压缩机，其停机过程不受该时间窗口的控制，可以根据外界温度条件或者控制指令随时停机。

此外，制动系统空压机启动前会预先发出一个“空压机预启动”信号，TCMS 检测到该信号后将关闭所有空调的启动时间窗口，禁止一段时间内的所有空调的启动操作。

在非扩展供电模式下，空调启动控制时间窗口时序按图 4.18 所示的时序进行。

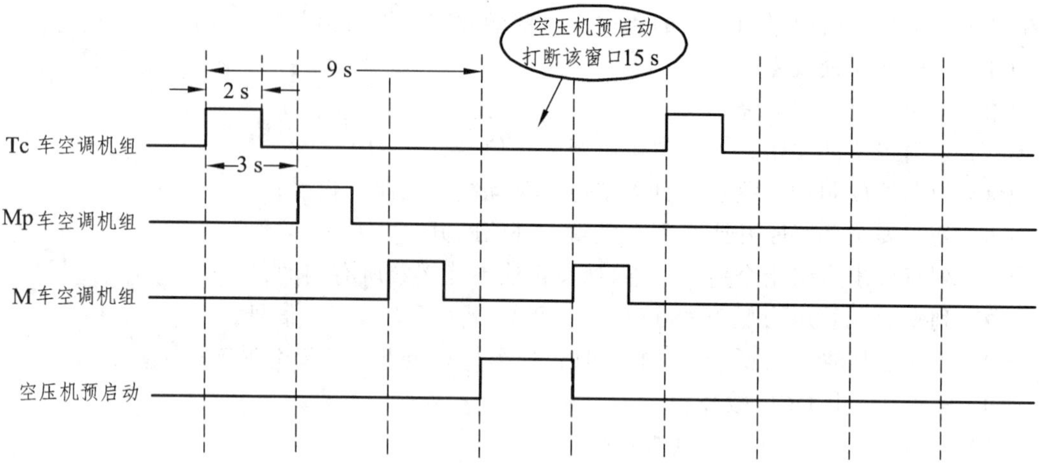

图 4.18　空调启动时间窗口时序

11. 扩展供电控制

当列车上一台 SIV（辅助控制模块）发生严重故障，不能正常工作时，需要 TCMS 控制扩展供电接触器，由另一台 SIV 提供整列车的负载需求。为了防止一台 SIV 负责整列车的负载而导致过载保护，TCMS 在扩展供电之前，先发出减载指令给空调系统，当空调系统负载减半后，才发出扩展供电指令。若空调系统减载不成功，则将减载不成功信息发送到显示屏，同时 TCMS 自动将空调系统设置为通风模式，再进行扩展供电。

当以下条件同时满足时，TCMS 通过 DIM 输出“扩展供电”指令（高电平有效）：检测到一台 SIV 通信故障或者 380 V 输出不正常且 SIV 的 KMA 继电器未闭合。

12. 车地通信控制

TCMS 通过 EDRM 以太网接口与具有无线传输功能的设备（车载 PIS）相连，实现列车故障数据的传输。具体的传输协议和传输数据待定。地面数据应开发地面软件进行解析。

13. 超速保护控制

TCMS 对列车速度进行监视、报警和保护。

当列车速度大于 80 km/h（暂定）时，进行报警；当列车速度大于 83 km/h（暂定）时，同时封锁牵引。在列车速度降至 78 km/h（暂定）后，解除封锁。

当列车速度大于 85 km/h（暂定）时，TCMS 触发紧急制动。

14. 空压机管理

TCMS 按单双日启停不同的空压机来对制动系统空压机进行管理，以确保每台空压机损耗均匀，以提高单台空压机的使用寿命。

在单日，TCMS 允许 Tc1 车的空压机工作，当该车空压机故障时，启动 Tc2 车空压机工作；在双日，TCMS 启动 Tc2 车的空压机工作，当该车空压机故障时，启动 Tc1 车空压机工作。

15. 制动系统自检功能

TCMS 显示器界面设置制动系统自检按钮（由制动系统进行安全防护），触发制动系统自检命令至少维持高电平 2 s。

4.4.2 状态监视

车辆的监视功能由智能显示器 HMI 完成。

每列列车配有两个 HMI，分别安装于两个 Tc 车辆的司机控制台上，对司机和检修人员提供其所需的必要信息。

HMI 提供两种用户模式：运行模式和检修模式。

控制电源 DC 110 V 接通后，两个司机室的 VCMe 和 HMI 同时开启。激活端司机室的智能显示单元 HMI 正常显示且可进行亮度调节，非激活端司机室的 HMI 显示为黑屏。

4.4.3 故障诊断

车载故障诊断系统是 TCMS 的一个重要组成部分，完成车载各部件故障数据的采集、分析、转储和显示功能。故障信息在司机台上通过 HMI 显示，并且通过 PTU 上传到地面维修和服务系统中，供长期储存和地面分析。

TCMS 的诊断功能可以协助司机和检修人员进行工作，当故障发生时，协助司机采取适当的操作，并使维护人员更容易地查找并解决故障。

如果列车发生故障，将以纯文本信息在 HMI 上显示给司机。每条纯文本信息都分配有故障代码，根据不同的故障类别进行故障评估。故障类别和纯文本信息显示在显示器的界面上。此外，司机可以从 HMI 上获得他所必须实施的操作的指导说明。

1. 故障等级划分

TCMS 将故障划分为 3 个等级。

（1）严重故障（等级 1）：严重影响列车运行的故障，有可能导致乘客和车辆出现危险，司机需对故障进行确认和立即处理。如果故障不能及时排除，列车需要在运行的下一站进行清客，空车回库以解决故障。

（2）中等故障（等级 2）：影响列车运行的故障，司机需对故障进行确认和立即处理。如果故障不能及时排除，列车则需在完成本次单程运营后退出运行图，空车回库以解决故障。

（3）轻微故障（等级 3）：不影响运行的故障，可以在列车运营结束后回库再处理。

2. 故障检测类型

DTECS 系统可进行如下几种类型的故障检测：

（1）指令不一致检测

TCMS 从 I/O 单元采集硬线指令，从 MVB 总线上采集牵引制动单元反馈的硬线指令，当二者发生 2 s 以上不一致时，TCMS 在显示器上报警提示司机。

TCMS 从 MVB 总线上采集所有制动系统反馈的硬线指令，并比较所有反馈指令，当发生 2 s 以上不一致时，TCMS 在显示器上报警提示司机。

TCMS 从 MVB 总线上采集所有牵引系统反馈的硬线指令，并比较所有反馈指令，当发生 2 s 以上不一致时，TCMS 在显示器上报警提示司机。

（2）显示器设置参数错误检测

TCMS 主要检测显示器设置的轮径、车号等参数的错误。

TCMS 检测两个 Tc 车显示器发出的轮径值，当与显示器通信正常，但发出的轮径值不一致时，TCMS 在显示器上报警提示司机。

TCMS 还检测显示器轮径值的有效性，判断轮径值是否为 770 ~ 840 mm，如果超出范围，TCMS 在显示器上报警提示司机。

（3）通信状态检测

TCMS 通过生命信号机制检测所有连接至网络上的设备的通信状态。

当设备生命信号停止跳变，TCMS 判定该设备通信失败，在显示器上显示通信故障。当设备恢复跳变后，TCMS 判定该设备通信正常，并复位通信故障。

（4）牵引封锁条件检测

TCMS 检测进行牵引封锁的条件。安全联锁控制产生牵引封锁的条件如下：

① 司机室占有联锁故障；

② 牵引系统方向故障；

③ 车门未全部关闭，且无“车门旁路”信号（紧急制动）；

④ 列车停放制动未缓解，且无“停放制动缓解旁路”信号；

⑤ 列车安全环路断开或者列车完整性环路断开；

⑥ 列车发出牵引指令后，5 s 内列车仍然不能缓解所有制动；

⑦ 列车总风管压力低于 500 kPa；

⑧ 3 个及以上 DCU 故障；

⑨ 7 个及以上转向架制动被切除。

当以上条件触发牵引封锁时，TCMS 在显示器上提示 9 种牵引封锁故障，便于司机了解牵引封锁产生的原因，对车辆进行相对应的处理。

（5）紧急制动条件检测

TCMS 检测进行紧急制动的条件。紧急制动控制的条件如下：

① 制动缸总风压欠压；

② 司机室占有联锁故障；

③ 列车速度超过 85 km/h。

当以上条件触发紧急制动时，TCMS 在显示器上提示 7 种紧急制动故障，便于司机了解紧急制动产生的原因，对车辆进行相对应的处理。

（6）限速条件检测

TCMS 进行限速条件检测，将限速指令传输给 DCU，由 DCU 进行限速控制。TCMS 在以下情况进行限速检测：

① 当 2 个 DCU 故障，或 2 个以上 3 个以下转向架制动切除，TCMS 进行 60 km/h 限速检测；

② 当 4 个以上 6 个以下转向架制动切除，TCMS 进行 30 km/h 限速检测；

③ 当紧急牵引时，TCMS 进行 25 km/h 限速检测；

④ 当退行时，TCMS 进行 10 km/h 限速检测；

⑤ 当洗车模式时，TCMS 进行 3 km/h 限速检测。

【思考题】

哪些条件下会触发列车紧急制动？

4.5 DTECS 系统与车门控制

【知识目标】

（1）理解车门控制基本概述；

（2）掌握车门工作原理；

（3）理解车门控制功能。

【能力目标】

（1）能够描述车门控制系统的组成；

（2）能够描述车门控制系统各部分的作用。

【学习内容】

4.5.1 基本概述

株洲电力机车有限公司生产的地铁列车使用的是康尼公司的电动双扇塞拉门，每节车每侧 4 套。当门完全关闭时，门扇与车辆的外表面平齐；开门时，门扇一开始就进行横向+纵向的复合运动，然后沿着车体侧面滑动直到完全打开的位置。

车门控制系统是一套具有独立管理与控制功能的控制系统，但是为了方便乘务员的统一管理，康尼公司根据客户的要求，将 EDCU 模块配备 MVB 接口，以便于车门控制系统接入 TCMS 中，当车门控制系统接入 TCMS，则 EDCU 将受到 VCMe 的管理和控制，此时乘务员便可以通过列车通信网络（TCN）实现对车门的远程控制，如图 4.19 所示。

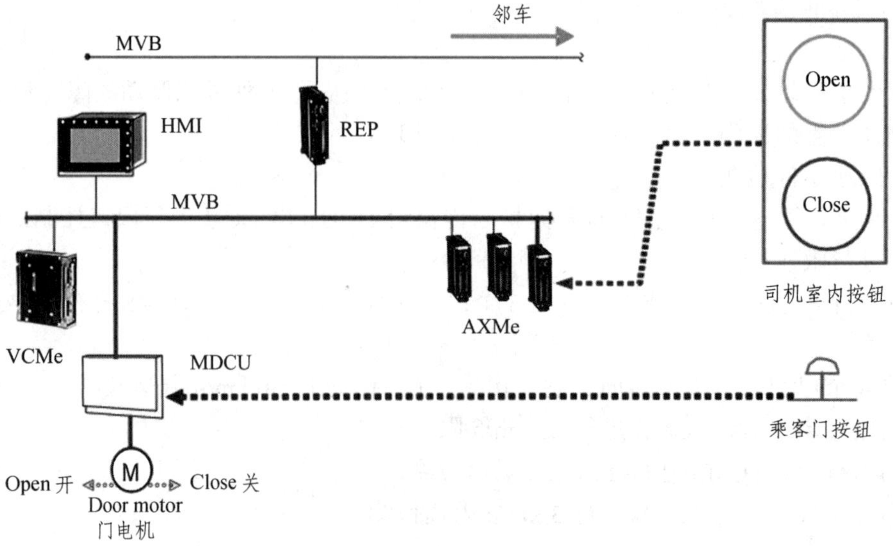

图 4.19　基于 DTECS 系统的车门控制

司机按下“开门”按钮后，司机室的 AXMe 模块检测到输入信号，信号以数据包的形式通过 MVB 总线传递给 VCMe，VCMe 决定是哪侧门要打开（左侧或右侧），并把开门命令通过 MVB 总线传给每节车的 MDCU，每个 MDCU 通过 CAN 总线给本节车的其他 LDCU 发出开门命令，门控器驱动电机将车门打开。同时，每个门控单元采集车门的状态信息更新到 VCMe，并在 HMI 上显示出来。

车门开关的控制原理（动画）

4.5.2　车门工作原理

车门开门过程：当车门 EDCU（车门控制模块，或称电子门控器）接收到开门信号时，EDCU 会输出电信号驱动电机往开门方向工作，电机通过连接装置把电力传送给丝杆，丝杆运动将会带动与之啮合的螺母运动，螺母通过携门架与门页连接，从而带动门页同步运动。

车门机械结构如图 4.20 所示。

列车开关门指令同时通过网络和硬线传递给电子门控器（EDCU），操作台上设有“硬线/网络”转换开关，司机可通过转换开关控制门控器执行硬线或网络指令，避免车门因传输问题导致故障出现。

每节车配有两个带 MVB 的主门控制器（MDCU）和 6 个本地车门控制器 LDCU，2 个 MDCU 均安装在 1 位端。LDCU 通过 CAN 总线与 MDCU 相连，MDCU 通过 MVB 总线与

TCMS 进行信息交换，传送车门的不同状态信息和诊断信息，其设备级网络拓扑结构如图 4.21 所示。

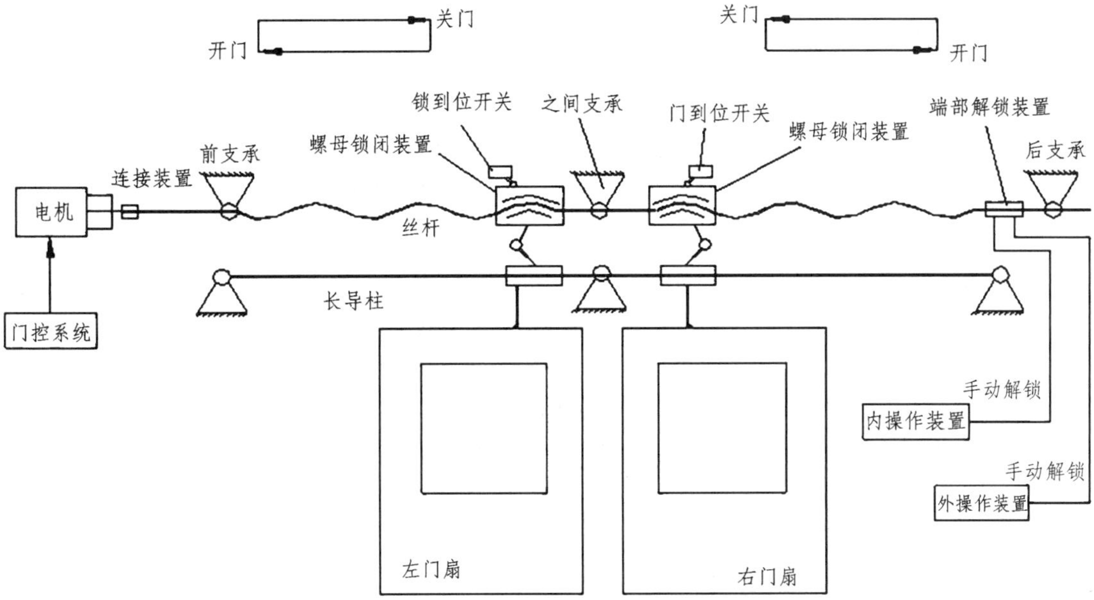

■门的运动由一个带减速箱的电机驱动丝杆（对于双页门，丝杆一半是右旋的，一半是左旋的）来实现。传动螺母通过铰链结构与门扇柔性相连接，经过丝杆、携门架组件门扇被移动。

图 4.20　车门机械组成结构

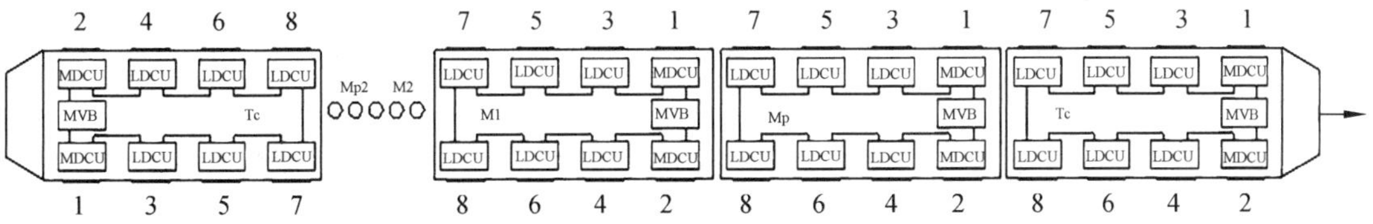

图 4.21　车门控制级网络拓扑结构

只有 2 套 MDCU（主电子门控器）是连接到 MVB 车辆总线上的，其他 6 套 LDCU（从电子门控器）是与 2 个主电子门控器一起连接到 CAN 局部总线的。只由一套 MDCU 充当主门控器，如果该 MDCU 不能在 CAN 上进行通信，那么由另外一套 MDCU 接替。

通过 MVB 将数据从 TCMS（列车控制与管理系统）传输至 MDCU，然后通过 CAN 从 MDCU 中传到 LDCU，反之亦然。EDCU 可传输不同的车门状态信息（如紧急装置被操作）和诊断信号（如车门位置传感器故障）。

每节车内两个 MDCU 与 MVB 总线相连，一个 MDCU 用于与列车控制系统进行数据交流（控制信号、状态信号、诊断信号）；另一个 MDCU 则作为主控冗余，在前一个 MDCU 故障的情况下接管主控功能。

每节车内车门的状态信号及故障信息通过车门网络传到与 MVB 相连的 MDCU 上，从此 MDCU 上所有的数据通过 MVB 传送到 VCU 上。所有车门状态信息将根据需要显示在人机界面上。

4.5.3 车门控制功能

1. 内部安全继电器

株洲电力机车有限公司生产的地铁列车利用内部安全继电器为电机提供电源，驱动门扇进行开/关门运动。内部安全继电器可以对 EDCU 软件的错误命令进行硬件上的保护。

通常软件只有在满足下述状况之一的情况下，才可以驱动电机：

（1）EDCU 输入口 1（X1：12 引脚，I1）输入高电平；

（2）EDCU 输入口 4（X1：3 引脚，I4）输入高电平；

（3）EDCU 输入口 13（X1：8 引脚，I13）输入高电平；

（4）EDCU 使能输入 1（X3：5 引脚，ENB1）输入高电平；

（5）EDCU 使能输入 2（X3：14 引脚，ENB2）输入高电平。

当下列所有条件全都满足时，内部安全继电器将在 5 s 后断开：

（1）门处于关锁到位位置（I1=0 且 I4=0）；

（2）没有接收到门允许列车线信号（I13=0）；

（3）没有操作紧急解锁手柄（ENB1=0）。

2. 电子门控器的启动

接通电源可启动电子门控器，将引起：

（1）系统自检测

系统自检测，检测 EDCU 内部的部件和门系统部件是否工作正常。

（2）门关锁到位

初始化上电时，没有操作“机械隔离装置”，且没有操作“紧急解锁装置”的情况下，若内部安全继电器得电，门扇虽然已经处于关锁到位位置，但是仍然要执行一次初始化例行程序，该程序将以恒速关闭门一次，从而避免由于关锁到位开关恒有效故障导致的门扇打开的情况。检测到关门方向上有障碍物后，更新原点，初始化完成。

初始化上电时，没有操作“机械隔离装置”，且没有操作“紧急解锁装置”的情况下，若内部安全继电器失电（已无法正常驱动电机），若关到位开关和锁到位开关都指示门处于到位状态，则立即更新原点，初始化完成。

（3）门未关锁到位

由于初始化尚未完成，电子门控器此时无法监控门的位置。对于没有关锁到位的门，若没有操作“机械隔离装置”，且没有操作“紧急解锁装置”，将会运行初始化例行程序，该程序将以恒速关闭门直到门达到关锁到位位置一次。

上电初始化未完成之前，根据“开关门控制切换”列车线信号状态，可以响应开/关门列车线指令或网络开/关门指令。

在上电初始化完成之前的关门过程中，关门障碍检测系统可以正常工作。若在第一次上电初始化过程中，检测到开门方向的障碍，则门将停在当前位置。

3. 硬线开关门功能

当“开关门控制切换”列车线信号为低电平或网络出现故障时，门控器采用硬线开门信号。当“开关门控制切换”列车线信号为高电平时，门控器采用网络开门信号。

4. 网络开关门功能

当“开关门控制切换”列车线信号为低电平或网络出现故障时，门控器采用硬线关门信号。当“开关门控制切换”列车线信号为高电平时，门控器采用网络关门信号。

5. 关门过程的障碍检测

地铁列车关门过程中的障碍采用了双反馈检测，障碍检测由下列两种系统监测。

车门防夹原理（动画）

（1）电机电流监控

每次关门过程中电机正常关门电流曲线被存储并自动调整，如果电机的实际电流超过额定值，障碍检测被激活。

最大电流值并不恒定，由门的位置和前几次关门运动的电流决定（自学习最大电流曲线）。即使当电子门控器的电源关闭时，最大电流值也被存储。

如果电子门控器换到其他任何门上，有必要通过扳下维护按钮的方式对其进行初始设置，扳下时间应超过 1.5 s（从打开电源开始计算）。

（2）路程/时间监测

通过门位置传感器的检测，将门的运动分成距离段，如果在给定的时间内门未通过这些距离段，障碍检测被激活。

【思考题】

关门过程的障碍检测中电机电流监控和路程/时间监测分别作用在控制系统的哪个实体（控制器、执行器、被控对象）上？

课题 5 车载网络故障诊断系统

5.1 检测与诊断技术

【知识目标】

（1）了解国内外故障检测现状；

（2）理解故障诊断方法的分类；

（3）了解多传感器融合故障诊断方法。

【能力目标】

能够区别基于人工智能的故障诊断方法。

【学习内容】

城市轨道交通逐渐成为人们出行的主要交通工具，在研发轨道交通列车先进技术的同时，保证列车安全、高效运行和旅客安全是重中之重。做到以人为本，科学发展先进技术。故障检测，即根据列车在运行状态过程中采集到的信息，经过处理信息发现问题，找出故障源头，并做出相关决策。故障检测是确保列车正常运行的关键手段，可以有效地找出故障原因，减少维修时间。

5.1.1 国内外故障检测现状

20 世纪 60 年代，斯坦福大学研发出第一个故障检测专家系统——DENRAL 系统。20 世纪 80 年代，中国高校和科研院开始研究和开发故障诊断系统。铁道科学研究院与上海铁路局合作研制了列车运行状态地面安全检测系统、客车行车安全检测系统和机车故障诊断系统等。

国外最早应用的列车故障诊断专家系统是比利时使用的列车定位和动车组运营管理信息系统，由庞巴迪公司开发研制。

20 世纪 90 年代，欧洲的 ROSIN（Railway Open System Interconnoction Network，铁路开放式系统互联网络项目）、TrainCom（Integrated Communication System For Intelligent Train Applications，智能列车应用的集成通信系统项目）、EuroMain（European Railway Open

Maintenance System，欧洲开放式维护系统）等项目，成为欧美各国及日本发展列车故障诊断技术的基础。

德国 IEC1 型动车组诊断系统 DAVID（即诊断、运行/制动电路转换、自动准备和集中显示控制），可以处理、分类、存储诊断设备子系统的诊断结果。司机可以在显示屏上看见重要的运行数据及故障处理措施。该诊断系统可以将诊断结果传送给车站和维修部门，实现地对车的安全监控。

法国 TGV-A 型控制计算机则可以实现车对车及地对车的实时信息交换，实现故障检测和诊断。

5.1.2 故障诊断方法的分类

基本来说，故障监测方法分为两大类：基于数学模型的故障诊断方法和基于人工智能的故障诊断方法。

1. 基于数学模型的故障诊断方法

（1）基于直接测量系统输入/输出及信号处理的方法，检测被诊断对象的相关输出信号 $y(t)$是否在正常范围内。该方法简单但易出现故障的误判、漏判。

（2）基于状态估计的方法，以系统状态为依据但需要多个前提条件。该方法需结合相关模型来评估系统的状态。

2. 基于人工智能的故障诊断方法

（1）基于人工神经网络的方法，选择输入/输出变量→选择神经元网络类型→神经元网络自学习→根据输出值判断是否发生故障。该方法可自动获取信息，只需该领域专家的实际解决方法或范例，并可进行推理联想。

（2）基于模糊数学的方法，通过模糊规则及隶属度函数的应用，根据模糊方程计算故障评价集的模糊度，参考判别法则判断故障级别。

（3）基于故障树的方法，根据故障现象、故障原因、故障率生成故障树，由故障结果逆向查询原因。

（4）基于专家系统的方法，根据专家的经验建立知识库、规则库。该方法可以基于浅知识（专家经验）或深知识（处理对象的结构功能特点）。浅知识方法是通过产生式、演绎式推理获取诊断结果；深知识是对输入/输出通过算法找出故障源。浅知识方法虽推理速度更快，但是完备性逊于深知识。

5.1.3 多传感器融合故障诊断方法

故障诊断方法按处理技术大致分为两类：一是常规故障诊断方法，该方法是以设备的数学模型为理论基础，以动态测试、信号分析及数据处理为核心技术；二是智能诊断方法，该方法是在常规诊断的理论基础上应用人工智能及相关基础学科理论，以知识处理为核心的技术。

从用于诊断的特征信号的类型上看，故障诊断方法有依赖振动、噪声、油液、温度及压力等信息的诊断技术。由于某些信号中包含了较丰富的故障信息，如对旋转机械的振动信号谱的分析中，可以发现约60%的故障，所以故障的判别主要以振动信号为主，即基于单一类型的传感器。由此而引出的问题是由于只对机器的某一部件进行了探测，反映出的也仅是机械系统运行中的部分现象。因此，该方法对传感器的精度要求很高，在传感器的布局和提取标准谱方面必须做大量的实验才能完成对现象的分类。为了解决这些问题，提出了同时采用振动、温度、压力、流量等多种类型传感器来全面探测机械设备运行中的多种现象，把来自多方面的信息综合成一个整体进行处理。通过多传感器协调并联合探测的优势，提高机械设备故障诊断的有效性和可信度，这就是基于多传感器融合的机械设备故障诊断方法。

1. 多传感器融合故障诊断方法的原理

在诊断系统中设置多种类型的传感器，用来探测机械设备的部件由于磨损、疲劳断裂、弹性或塑性变形而在振动、温度、压力、流量等物理现象上的不同反映。机械系统故障诊断的多传感器融合故障诊断方法定义为：用多个传感器从多方面探测系统的多种物理量，对多源的信息和数据进行检测、关联、跟踪探测、状态估计等多级处理，精确及时地判断出机械系统的状态，并分析出状态（故障）、现象（征兆）和原因之间的关系。

2. 多传感器融合故障诊断方法的功能和处理过程

多传感器融合故障诊断方法的功能结构及处理过程如图 5.1 所示。

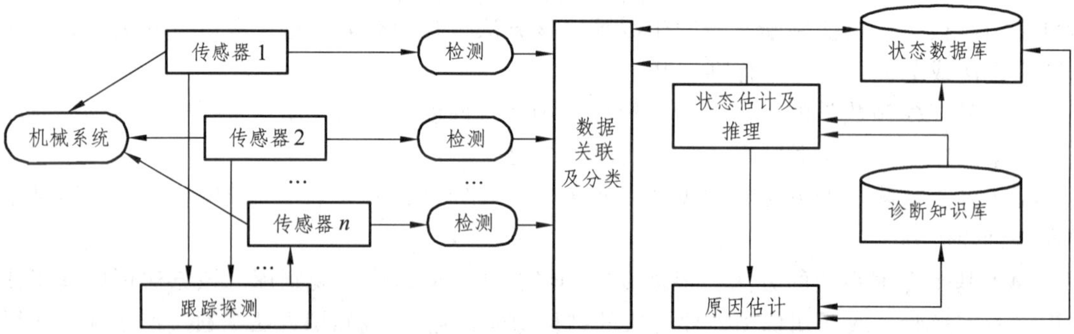

图 5.1　多传感器融合故障诊断方法的功能及处理过程

传感器探测机械系统各个部位，每扫描一次报告一次该部位的测量结果，每个传感器进行独立测量，用二元判定的处理方法，根据信号特征来观测征兆的出现，一旦检测到征兆，就将测量参数报告给融合处理系统。

检测是对传感器信号进行有效性判定处理。

数据关联是依据每次扫描完成后所得到的信号进行的，将每个新的报告与每个其他报告及以前检测到的有征兆的预测位置进行相关处理。这组数据能描述机械系统该时刻的状态，也保证了征兆是出现在同一个空间位置上的。数据关联的目的是要保证得到所有的传感器在同一时刻探测到的一组数据，形成一个组合的 n 维测量，每一维代表状态（故障）的一个独立属性。

分类是依据不同的传感器报告出征兆的特征参数。

状态估计（含有一般诊断方法中的结果评价）是在每次扫描结束时，对新征兆与已存在的（以前探测到的）征兆进行估计和结果评价，确定系统的当前状态。

如图 5.2 所示为一种便携式故障诊断系统，通过传感器采集设备运行时产生的振动或噪声信号，经过信号放大、A/D 转换、数据存储和传输后，由主机进行分析、处理。

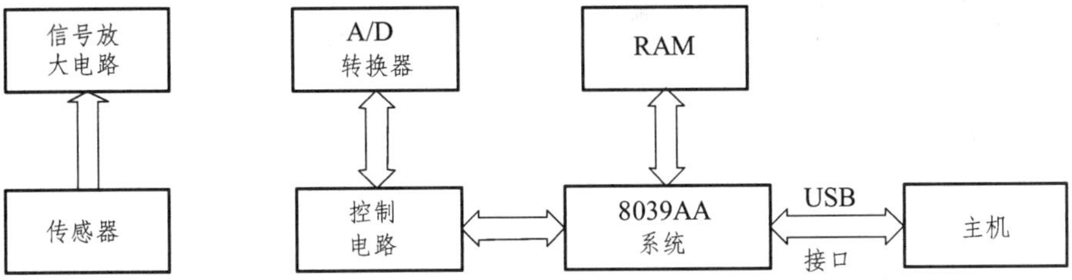

图 5.2　便携式故障诊断系统

采集板的 USB（Universal Serial Bus，通用串行总线）控制器采用的是 INTEL 公司的 80931AA，具有一个 USB 接口，使用 MCS51 指令系统，当输入频率为 12 MHz 时，USB 可工作在全速和低速模式，本系统工作在全速模式。

USB 总线对一般设备可以提供 100 mA 的电流，对大功率设备可提供不超过 500 mA 的电流，而当 USB 外设处于挂起状态时，从总线上吸收的电流小于 500 μA。便携式故障诊断系统的采集板采用低功耗设计，选用低功耗器件，整个采集板就直接利用总线电源进行供电，不需外加其他电源。

当主机检测到全速采集板插入后，自动配置设备，此时仅采集板的基本系统工作。如果系统不进行检测，采集板就处于挂起状态，而当系统需要故障诊断时，主机唤醒采集板，并向采集板提供 500 mA 的总线电流。采集板控制器接收到主机的数据采集命令后，向系统的采集和控制等部分供电，并启动数据采集。采集的数据通过 DMA（Direct Memory Access，直接内存存取）方式被存入到内存，内存存满后，停止采集，然后将采集的数据通过 USB 接口传输到主机中，数据传递结束后，采集板进入挂起状态。此后通过计算机软件对数据进行分析处理，就可以获得设备故障的诊断结果。

便携式故障诊断系统的软件设计主要包括数据采集板的控制和 USB 通信软件、主机 USB 设备驱动程序、主机数据分析与处理软件。数据采集板的控制和 USB 通信软件的功能主要是控制数据采集以及通过 USB 接口与主机进行数据通信。主机数据分析与处理软件是将传感器采集的数据进行分析处理，即根据要求进行信号的功率谱分析、倒谱分析、小波分析以及自相关分析等。通过与正常运行时相关参数的对比，可以判断出设备是否存在缺陷、故障等，也可通过几种方法联合起来提高诊断的正确性和精确度。主机 USB 设备驱动程序实现主机与采集板连接及数据通信的功能。

USB 为计算机外设提供了一个全新的接口标准，目前，USB 设备的开发和应用在国内外处于高速发展阶段，具有广阔的发展前景。利用便携式计算机及其 USB 接口开发的便携式故障诊断系统是 USB 在数据采集中的一个应用，利用 USB 的挂起和唤醒功能，极大地降低了采集板的平均功耗，因此利用本系统进行故障诊断可工作较长时间，特别适合工程现场使用。

【思考题】

基于人工智能的故障诊断方法与传统的基于数学模型的故障诊断方法相比有哪些有优势？

5.2 地铁列车故障诊断系统

【知识目标】

（1）了解列车状态和故障的监视功能；
（2）了解列车状态和故障的记录功能；
（3）了解诊断数据地面分析软件。

【能力目标】

能够根据 HMI 上的故障等级进行相应的处理。

【学习内容】

车载故障诊断系统（DDS）是 TCMS 的一个重要组成部分，完成车载各部件故障数据的采集、分析、转储和显示功能。故障信息在司机台上通过 HMI 显示，并且通过 PTU 上传到地面维修和服务系统中，供长期存储和深入进行地面分析。

TCMS 的诊断功能可以协助司机和检修人员进行工作。当故障发生时，协助司机采取适当的操作，并使维护人员更容易地查找、解决故障。

5.2.1 列车状态和故障的监视功能

故障诊断系统对以下各系统进行诊断：牵引控制单元（DCU）、气制动电子控制单元（EBCU）、空调控制单元、辅助系统（包括 DC/AC 逆变器和 DC/DC 变换器）、车门、空压机、诊断系统本身和 DC 110 V 控制电路。其中，故障诊断系统从 DCU 得到的信号除故障信号外，还有空转信号和一些模拟量的实际值，如网压、牵引力和速度。DC 110 V 控制电路的信号主要有牵引方向、牵引/制动命令、运行模式、高速断路器状态、受电弓状态、主风缸压力状态和自动车钩的连接等，这些信号主要是作为环境参数出现的。

车辆的监视功能由智能显示器 HMI 完成，每列车辆配有 2 个 HMI，分别安装在 2 个司机控制台上，对司机和检修人员提供其所需的必要信息，分别对应驾驶模式和检修模式。

（1）运行模式下，司机可以通过 HMI 了解列车各系统的状态，运行屏中包含网压、实时速度、推荐速度、进出库图标、驾驶模式、自动折返图标、门释放信号图标、紧急制动图标、空转/滑行、距停车点距离、建议速度、列车驾驶状态（如牵引、惰行、制动）等，这些信息由列车信息系统提供，显示屏通过调用数据库进行显示。

此外，列车运行中出现故障时，故障将在 HMI 上以故障图标形式显示出来，且配有故障代码，司机根据不同的故障类别进行故障评估。司机还可以从 HMI 上获得故障发生时必要的操作指导说明。

TCMS 将故障类划分为 3 个等级：

① 严重故障（等级 1）：严重影响列车运行的故障，有可能导致乘客和车辆出现危险，司机需对故障进行确认和立即处理。如果故障不能及时排除，列车需要运行到下一站进行清客，空车回库以解决故障。

② 中等故障（等级 2）：影响列车运行的故障，司机需对故障进行确认和立即处理。如果故障不能及时排除，列车则需在完成本次单程运营后退出运行图，空车回库以解决故障。

③ 轻微故障（等级 3）：不影响运行的故障，可以在列车运营结束后回库再处理。

（2）检修模式下，检修员可以通过 HMI 了解列车各系统的故障信息，故障在 HMI 上将以纯文本信息（包括故障代码，故障等级，故障设备，故障内容，故障发生、结束的时间）显示。显示内容主要是列车发生的故障或信息的记录，包括故障或信息的发生和消失，以及发生故障时一些相关的参数，即背景参数。

5.2.2　列车状态和故障的记录功能

对于维修人员，可以利用诊断系统记录的数据查找和分析故障，诊断系统的故障数据和环境参数以数据库的形式存储于 EDRM（Ethernet Data Record Module，以太网数据记录模块）中。EDRM 是专门针对轨道交通行业应用环境设计的一种车载数据记录设备，具有采集 MVB、TRDP 等外部接口数据并存储的功能装置。EDRM 模块需要配合地面解析软件 PTU 共同使用。PTU 软件的功能是下载存储事件记录仪中的列车运行参数和故障数据，并对下载的数据进行解码处理，最终以波形或图表等易于理解的形式进行显示，用于详细进行故障分析。PTU 与 EDRM 的关系如图 5.3 所示。

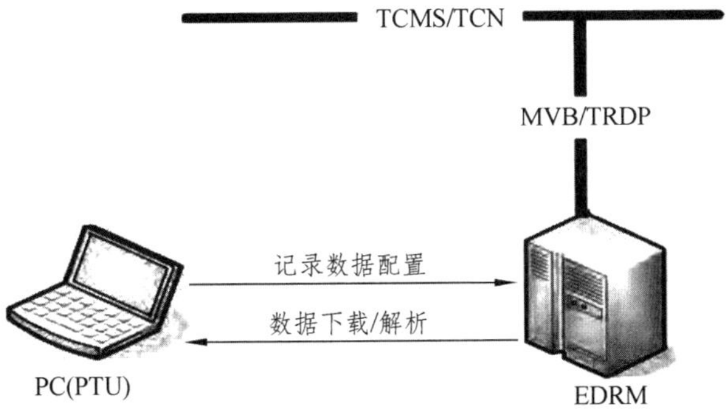

图 5.3　PTU 与 EDRM 的关系

1. 故障记录功能

EDRM 实现故障记录功能。当车载诊断系统诊断出列车故障后，EDRM 将对故障的相关信息进行记录。EDRM 故障记录功能如表 5.1 所示。

表 5.1　EDRM 故障记录功能

功　能	参　数	说　明
记录模式	FIFO	先进先出
记录类型	履历故障记录:故障发生时仅记录少量信息的故障记录类型,适用于故障统计	记录的信息包括: 故障车号; 故障设备; 故障代码; 故障产生的时间; 故障消除的时间; 故障重复次数

2. 事件记录功能

EDRM 实现事件记录功能。EDRM 在 Tc 车通过车辆总线（MVB）与 TCMS 相连接，因此 TCMS 所有通信数据都可以被监视。

EDRM 事件记录功能如表 5.2 所示，具体记录参数在设计联络中确定。

表 5.2　EDRM 事件记录功能

功　能	参　数	说　明
记录模式	FIFO	先进先出,数据记录满后自动覆盖以前的数据
采样周期	100 ms	
记录时长	72 h	
记录条件	上电触发	系统上电后即开始不间断记录
环境参数	字数量不少于 176 个,模拟量不少于 40 个	

3. PTU 分析功能

便携式维护工具（PTU）是一种专用软件工具，用于额外的故障存储评估。

利用一个便携式计算机/软盘（如笔记本式计算机）可对 DTECS 系统的诊断数据进行显示并作进一步分析研究，同时可借助软件工具 PTU 实现评估和归档。便携式维护工具（PTU）是 DTECS 设备的一种标准部件，可在任何装有 Windows2000 或以上的操作系统的计算机上操作。便携式维护工具（PTU）具有以下特点：

（1）诊断数据以易理解的图表或图形显示，如图 5.4 所示。

（2）为了编制文件需要，可对每个故障加以说明。这样，如果以前发生过类似的故障，就可提供参考意见。在时间上，如果故障记录不断更新的话，它将大大简化故障的清除过程。

（3）故障数据可用来对每个部件给出故障统计数据。

（4）数据可存档。

（5）为便于向各种应用级别提供数据，系统设定了相应的选择准则。比如，可以根据车辆的编号和指定的时间段选择相应的数据。

（6）对所获诊断数据的分析可采用搜索、分类和统计等功能。

（7）图表可打印出来，如果外部数据库符合 ODBC（开放数据库联通性）标准，选定的诊断数据可输送到外部数据库作其他用途。

（8）为了给不同用户级别提供数据，本系统备有选择准则，可产生相应部件/子部件的故障统计数据，也可根据车辆编号和观察期选择数据。

（9）便携式维护工具（PTU）遵循一个开放结构原则。这意味着提供一整套图表和故障查询程序。

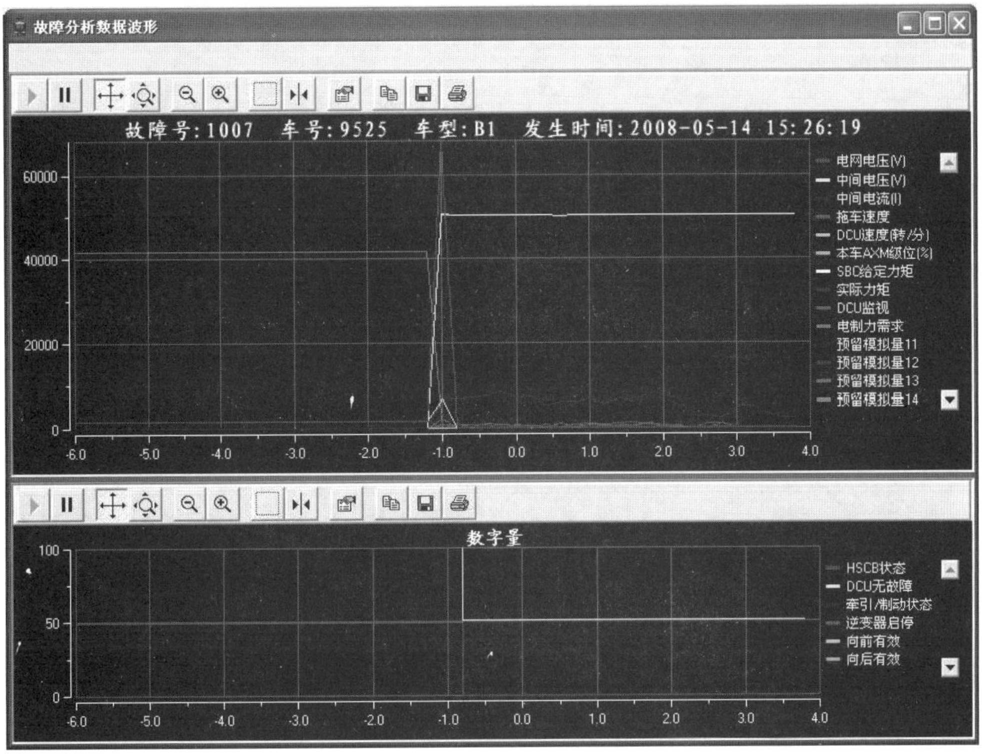

图 5.4　PTU 故障分析界面

5.2.3　诊断数据地面分析软件

诊断系统的故障数据及其环境参数或跟踪参数都是以数据库的形式存储于显示器的硬盘中，通过 RS-232 接口连接 PTU，在显示器上进行操作，将数据方便地下载成一个 TIS 数据库文件。地面分析软件可以将 TIS 文件解压，以表格的形式将故障的发生和消失一一列出，各个故障的背景参数也可以显示出来；而有 3 种故障，即 DCU 严重故障、DCU 中等故障、紧急制动，还有跟踪参数，可以用彩色图形显示发生故障前后本单元动车 DCU 检测到的网压和牵引/制动转矩以及速度的模拟量、牵引/制动命令、驾驶室其他控制命令和设备状态，以便于了解故障时的列车状态，从而分析故障原因以及处理故障。

目前，一般在每次月检（双周检）中或需要分析故障时下载显示器的数据，主要用来分析一些疑难的故障以及在电子控制单元没有记录的故障。从地面分析软件中得到的故障记录表可以看到故障发生前后其他的伴随事件以及故障发生的频率、事件消失的时间；另外，还用于一些故障或事件的统计，如紧急制动发生的次数、高速断路器合断次数等。

【思考题】

驾驶模式下与检修模式下，HMI 的故障显示信息有何不同？

参考文献

[1] 郑树彬．城市轨道交通列车网络控制技术[M]．北京：中国铁道出版社，2017.
[2] 倪文波．高速列车网络与控制技术[M]．成都：西南交通大学出版社，2008.
[3] 陶艳．列车网络控制技术原理与应用[M]．北京：中国电力出版社，2010.
[4] 关洪亮．列车网络控制[M]．北京：北京交通大学出版社，2020.
[5] 何成才，黄秀川．动车组网络技术[M]．成都：西南交通大学出版社，2009.
[6] 常振臣，沙淼．高速列车网络控制系统原理与应用[M]．北京：中国铁道出版社，2016.
[7] 华平，唐春林．城市轨道交通车辆电气控制[M]．北京：机械工业出版社，2016.
[8] 张元林．列车控制网络技术的现状与发展趋势[J]．电力机车与城轨车辆，2006，(04)：1-4，26.
[9] 陈特放，曾秋芬．列车微机与网络控制技术及应用[M]．北京：科学出版社，2012.
[10] 王磊．列车网络控制系统的分析与研究[D]．成都：西南交通大学，2008.

参考文献

[1] [illegible]

[2] [illegible]

[3] [illegible]

[4] [illegible]

[5] [illegible]

[6] [illegible]

[7] [illegible]

[8] [illegible]

[9] [illegible]

[10] [illegible]